フロイディアン・ステップ

分析家の誕生

十川幸司

みすず書房

フロイディアン・ステップ　分析家の誕生　＊　目次

第四部　分析家のメチエ

フロイディアン・ステップ

分析家の誕生

序章　フロイトの歩み

正直な人間に降りかかる運命の前には一切を断念しますが、一つだけ心の底で密かに願っていることがあります。長患いをして、惨めな身になり、力がなくなることだけは勘弁してもらいたい。闘いながら死ぬのだと、マクベス王も言いました。

――フロイトよりオスカー・プフィスター宛ての手紙（一九一〇年三月六日付）。

1　二つの通路

フロイトのテクストを年代順に読んでみて、驚かされるのは、その仕事の一貫性と普遍性の高さである。確かに現在の、巧妙に医学化された精神分析、精神病理の現場から見れば、フロイトの構想は、偏った、特異な性質を持ったもののように見える。またいかなる構想も同様だが、フロイトのそれも、当然のことながら、時代的、文化的、個人的な制約から逃れてはいない。それゆえに、フロイトの考えを現在の精神医学ないし精神分析の知見から批判することは容易である。だが一方で、そこに強い普遍性を備えた知があることも確かなのである。私たちが現在もフロイトを読み続けるのは、フロイトの構想が持つ普遍性によるものだと言えるだろう。一九世紀にはピエール・ジャネをはじめ、精神分析に類似した思考方法がすでに幾つかあったことは、アンリ・エランベルジェの研究に詳述されている。[1] しかし、なぜフロイトだけが現代にも通用するほどの強い普遍性を持った理論を構築できたのだろうか。

*

精神分析行為を形成しているのは、異質な他者との間で行われる対話である。症状を持った患者が、分析家のところに来て、寝椅子の上で自由連想を行い、分析家はその連想に対して解釈を加えるという一連の行為が、精神分析という装置を構成する。そしてこの装置のなかで起きる患者の経験が、患者を症状から解放するだけではなく、患者の生の変容をもたらす。精神分析理論とは、このような経験を通して解明された人間の病理についての知であり、技法とは精神分析という装置のなかで生じる特殊な経験を、その終結に至るまで、導くための知である。ところで、患者も分析家もある特定の時代や文化状況の中で生きているゆえに、そこで生じる経験はその時代から独立した普遍的なものではない。精神分析の理論や技法は、多かれ少なかれ時代と文化に依存したものになる。これまでの精神分析学派の内部の論争は、おおむね文化的な対立がその根底にあったように思う。もちろん、時代や文化的差異に根ざした理論的、技法的問題について議論を重ねることは大切なことである。しかし、精神分析が二一世紀においてもさらに発展可能性を持った学であり続けるためには、フロイトの構想がどのようにして普遍性を獲得したかという問いを忘れてはならない。フロイトはこの普遍への通路が二つあると考えていた。

一つは科学という通路である。初期の「心理学草案」から後期に至るまで、フロイトは自らの構想を科学によって普遍的な知へと接続することを試みている。このような科学の依拠は、フロイトの没後二〇年近くは断念されていたが、五〇年代半ばになってジャック・ラカンが言語学という新たな「科学」モデルを理論の基礎に据えることによって新たな展開を見せた。また同時期にウィルフレッド・ルプレヒト・ビオンは、心的機能の「科学」モデルに依拠して、自らの理論を洗練させている。(2)

もう一つの通路は個別症例である。フロイトは自らの症例報告が、理論を構築するためには不完全で、一例から精神分析理論のすべてを引き出すことはできない、とその限界を繰り返し述べている。だが一方で、彼の症例報告においては、ある一例から一切の理論を引き出そうという強い意志が見られる。症例報告は、個別的なものであり、一見、普遍とは逆の方向を向いているように見える。しかし、現在、フロイトの症例とはあまり共通点がないと思われるような患者を治療している私たちが、いまだにフロイトの症例報告を貴重なものとして読むのは、フロイトの経験が普遍への通路を確保しているからである。このように個々の経験を通じて、普遍へと至る通路は、現在の優れた症例記述(例えばポスト・クライン派と呼ばれる分析家たちの経験)においても読み取ることができる。フロイトの症例報告が俯瞰的な大河小説の趣を持っているのに対し、ポスト・クライン派の症例報告は一セッションごとの分析家と患者の言葉の響き、沈黙の間の息づかいまでが聞こえてくるような短篇小説の趣がある。このいずれの経験の中にも、私たちは時代や文化を超えて、普遍的な形で現れる人間の深部の様相を垣間見ることができる。

ところで、フロイトにおいては、この普遍へと至る二つの通路が、コインの表裏のように一体となって彼の構想を実現していた。しかし、フロイト以降の精神分析においては、この二つの通路はそれぞれ独立した形で展開を遂げ、その先端の領域では縫合不可能な形で分離してしまっている。現代において、精神分析の力が弱まっているとするならば、それは何よりも現代の精神分析家が、フロイトの構想が持つ力を十分な形で継承できていないからではないだろうか。フロイトが全精力を注いで切り開いた普遍性の通路を、私たちなりの仕方で、新たに見いだすことが、今日ほど必要とされている時代はない。

本書の目的は、フロイトを読解することである——すなわち、フロイトの読解を通して、フロイトの理論の生成過程を改めてたどり、その背景にあっていまだに明るみになっていない問題群の可能性を引き出すこと、そして、フロイトの精神分析が切り開いた普遍性の通路を現代的観点から改めて検討すること——。本書で取り上げるのは、主にフロイトの臨床的テクストであるが、表立っては論じていないものの、フロイトの全テクストを射程にいれている。フロイト理論は臨床だけに限定されるものではなく、近現代の人間、思想、文化の理解にも及ぶ巨大なスケールを持ったものである。しかし、フロイト理論の核心が臨床にあることは紛れもない事実であり、社会文化的なテクストはその一つの応用形態に過ぎない。本書では、このフロイトの思考の根幹をなす基本的な臨床的テクストを解読することによって、フロイトの思考の本来の力を見いだそうと思う。

その作業を進めていく上で、私たちはあくまでフロイトを現代の臨床に依拠しながら読むという観点を忘れないようにしたい。かつてポール・リクールは、フロイトをテクストだけを通して読むことは、的外れなテクスト理解や単なる文献的考察に陥る危険性があることを指摘する一方で、また逆にフロイトを実際の臨床場面に限定して読むとすれば、それは彼のテクストが持つ多様な側面を平準化してしまうことになると述べた(3)。このリクールの指摘は正鵠を射ている。実際にはこの両方の観点がともに必要なのである。臨床経験という足場を持ったうえで、フロイトのテクストを平準化することなく、細部まで読み取ること。私たちはそこに留まらず、さらに進んで、このような読解作業を、現在の臨床の実践に接続することを試みたい。そのためには、ときには、フロイトと対決せざるを得ないこともあるだろう。

　私たちはこれからフロイトの読解を始めるにあたって、手始めに「フロイトの方法」という問題を取り上げることにする。というのも、ある構想が普遍性を持つ場合、その力はしばしばその方法に基づいていることが多いからである。だが、フロイトの方法を論じるというテーマほど厄介なものはない。今、私は科学という方法論を普遍性の通路として挙げたが、フロイトの方法は科学という言葉で一言でくくれる問題ではない。そもそもフロイトの歩みの中に一貫した方法があったかどうかということ自体も疑わしい。過去の文献を見ても、フロイトの方法について、それを正面から問題にした論考は決して多いとは言えない。例えば、その一つにポール・ベルシュリーの仕事があるが、彼はフロイトは時期ごとに異質な理論モデルに依拠していて、それらのモデルを統合して論じることは不可能だと結論づけている。[4] またリクールをはじめとする諸論者は、フロイトの象徴的思考やエネルギー論的解釈、メタサイコロジー論考を貫く二元論的思考などを思考の特徴として挙げるが、このように思考の特徴を無数に列挙したとしても、それによって「フロイトの方法」が明らかになるわけではない。では、フロイトの方法というものをどのように考えればいいだろうか。

Ⅱ 理論モデルの変遷

フロイトの思想の変遷については、最近、ジャン＝ミシェル・キノドスが提示した分類が、定着してきている。[5] キノドスは、フロイトのテクストを第一期（一八九五年―一九一〇年）、第二期（一九一一年―一九二〇年）、第三期（一九二〇年―一九三九年）に分けている。この分類には概ね賛同できるものの、第二期の始まりを「自伝的に記述されたパラノイアの一症例に関する精神分析的考察」（一九一一年）（以下「シュレーバー論」と記す）とし、この論考によってフロイトは精神病へと精神分析臨床の守備範囲を広げたという指摘は、フロイトが初期から精神病に関心を向けていたことを考慮するなら、正確ではない。その他、第一期を一八九五年から一九〇〇年、第二期を一九〇一年から一九〇九年、第三期を一九一〇年から一九一九年、そして第四期を一九二〇年から一九三九年までとする議論もあるが、こういった分類は、一九一〇年から二〇年までの時期を一〇年単位で区切っているだけで、その区切りに明白な根拠はない。多くの論者にとって、「心理学草案」（あるいは『ヒステリー研究』）と『快原理の彼岸』という二つのテクストにフロイトの方法の根本的な変化を読み取るのは容易であっても、その間の二五年間の転換点となるテクストを見つけることには苦心している印象を受ける。私たちは、その転換が「ナルシシズムの導入にむけて」（以下「ナルシシズム論」と記す）というテクストにあると考える。その理由は後に述べることにするが、まずはフロイトの方法の変遷を三つの時期にわけ、それぞれの時期の方法論的な特徴を示し、それぞれの違いと共通点を考えてみたいと思う。

初期（一八九五年頃―一九一〇年頃）の方法を特徴づけるテクストは、「心理学草案」である。周知のとおり、そこでは心的装置のメカニズムをもっぱら量的な過程として全面的に記述することが試みられている。フロイトが「量」と呼ぶものは、ニューロンの興奮量であり、そこには外的（外界からの）刺激によって生じるか、あるいは内的刺激（欲動）によって生じるかという区別はあっても、それ以上の性質はよくわからないエネルギーである。心的諸過程はこの量によってほぼ説明されるが、質に関しては、量が周期やリズムを獲得することによって生じるとフロイトは仮定している。この時期のフロイトの方法を、神経心理学モデルに依拠した方法と呼ぶことができる。注目すべきなのは、この「心理学草案」の第二部が、エマというヒステリー患者の詳細な臨床的記述を含んでいる点であり、「心理学草案」の第一部がコインの裏なら、第二部はその表といった対応関係をなしていると考えることができる。

中期（一九一〇年代）に特徴的なのは、メタサイコロジー概念によって精神分析理論を基礎づける方法である。フロイトがこの方法を取るようになったのは、精神分析の臨床のなかで、ナルシシズムという現象に出会ってからである。「ナルシシズム」という概念は、パウル・ネッケが自分の身体を性的対象として取り扱う倒錯として臨床的に記述したものである。ナルシシズムとはそもそも倒錯の一形態であったが、フロイトはこの概念の内容を換骨奪胎し、主として精神病のメカニズムを示すものに作り変えた。彼はナルシシズムを「リビードが自我へと撤収された状態」と再定義している。また、この時期には、「同一化」、「取り入れ」、「対象選択」、「自我」など、精神分析の重要な基本概念が定義されている。そのさい重要なのは、このような概念の定義が、すべてリビードというエネルギー量を媒介にしてなされていることである。この時期の方法を、概念による理論構築の方法と呼ぶことができるだろう。この時期には、重要なメタサイコロジーの論文だけではなく、技法論文も数多く書かれていて、臨床的に実り多い時期であったと言える。

後期（一九二〇年以降）を特徴づけるテクストは、『快原理の彼岸』である。そこで提示された生の欲動／死の欲動という原理は、フロイトがそれまで提示していた心的法則である一次過程／二次過程あるいは快原理／現実原理とは次元の異なった対立を示している。快原理は心的過程すべてに当てはまる法則である。しかし、この原理を突き詰めていくと、原理そのものが破綻する地点（彼岸）がある。その地点に、フロイトは、自己の内部で黙々と働く死の欲動を発見する。フロイトによれば、精神分析の領野を最も深い水準で基礎づけているのは、この死の欲動である。もちろん死の欲動も快原理に仕えている。だが、死の欲動は、生の欲動と混合することでしか経験世界には見いだすことができない。したがって、後期のフロイトの超越論的探究で見いだされたものは、死の欲動の一元論である。フロイトがその対立概念として提起した生の欲動とは、彼が自らの欲動概念の二元論性を確保するために精神分析の領野に持ち込まれたものに過ぎない。

フロイトは死の欲動概念の発見によって、この超越論的探究を一歩先に進めたが、死の欲動と生の欲動の二元論は精神分析の超越論的探究の仮そめの結論でしかない。死の欲動の発見は精神分析研究の最終到達点ではない。精神分析の探究には、最終審級というものはなく、探究の過程で発見されるものは、常に覆され、更新される可能性を持った、可変的な原理に他ならない。また、この後期の方法においても、初期、中期の方法と同様、刺激量、あるいは内的興奮（欲動）などといった量を媒介にした考察が重要な役割を果たしていることにも注目しておこう。

ところで、私たちがフロイトの方法の変遷を、大きく三つの時期に分けたことについては若干の補足が必要だろう。この時期分類は、フロイトの理論の形成過程における、離接的な切断面を示したものではない。フロイトの思考には複数の問題が、菌糸のように錯綜していて、その全体像は、およそ時期によって区別ができるような性質を持ってはいない。この分類では、とりあえず「フロイトの方法」という観点から、暫定的に、後の作業に有効であると思われる時期分類を提示しているのであり、別の主題からは当然、違った時期分類をすることもできるだろう。さらにもう一点、強調しておきたいのは、この分類の初期、中期、後期という移行は、フロイトの歩みが先に形成された理論を「乗り越える」という形で、いわば「弁証法的」に深化していったものではないということである。およそ本質的な思想家は誰もがそうであるように、フロイトの著作は、最初期の「心理学草案」において一気に彼の思考の最深部へと到達している。その後の理論の進展は、新たな問いの出現やそれまでの複数の別の問いと格闘しながら、新たな理論装置や概念を考案していく過程であり、彼の時期的な変遷とは、複雑に錯綜した多くの問題系の配置の変化なのである。フロイトは数多くの問いを提示し、その中の幾つかに対しては一定の解答を示している。しかし残された問いの方が圧倒的に多い。フロイトのテクストを読む際に、最も陥りがちな罠とは、後期の理論から前期の理論をも含めて読み直し、フロイトの前期の構想を後期の構想の中で把握してしまうことである。それはフロイトの思考のプロセスを見ないことであり、彼が呈示した問いをあたかも完全に解決したかのように錯覚してしまうことなのである。

Ⅲ　方法の力

このようにフロイトには、三つの時期において、異なった方法が見られるが、そこには主として三つ、共通の基盤となる事柄があると考えられる。

第一は、疾病分類に対するフロイトの一貫した関心である。フロイトは、初期の「防衛―神経精神症」（一八九四年）から後期の「神経症および精神病における現実喪失」（一九二四年）に至るまで、どのように精神疾患を分類するかという問題に執拗なまでに関心を向けた。そしてこの関心がフロイトの方法を決定づけるバックグラウンドとなっている。すでに「防衛―神経精神症」において、彼は、ヒステリー、強迫神経症、恐怖症、パラノイアの病因と心的機制を理論的な観点から区別している。このような分類に向けられた情熱の背景には、ジャン＝マルタン・シャルコー（一八二五―九三年）の影響がある。シャルコーの時代の精神病院には、病名もなく、理解する方法もない痙攣や麻痺の患者が溢れていた。シャルコーはそれらの患者の症状を記述し、分類することによって、混沌とした世界に明確な秩序を与えた。そしてそれが、やがて病気の治療へと繋がるのである。疾病分類の重要性は、シャルコーが常々強調したことであった。また、フロイトとは全く異なった資質と情熱を持って、現代の私たちにも決定的な影響を及ぼす疾病分類を作り上げたエミール・クレペリンが、フロイトと同じ年に生まれた同時代人（いずれも一八五六年生まれ）であることを考えるなら、疾病分類とはその時代の喫緊の問いであったとも言える。

フロイトの疾病分類論を考える上で重要なのは、それが神経症のメカニズムに基づいた疾病分類論ではないということである。フロイトはその出発点において精神病から倒錯まで踏まえた全精神疾患を病因やメカニズムをも含めて分類することを構想していた。しばしばフロイトは神経症治療で得た知見を精神病へと拡大していったと誤解されているが、彼は最初から全精神疾患の分類と治療を自らの構想の中に入れている。結局、フロイトが精神病を分析治療の適応から外すのは、彼の臨床経験と理論的考察がそうさせたのであって、当初の構想はより野心的なものであった。とりわけ精神分析理論の構想において、精神病が常に大きな位置を占めていたことは改めて着目しておいたほうがいいだろう。

第二に挙げておきたいのは、フロイトの構想では常に量的なものが問題にされていることである。量的なものとは初期においては刺激量、興奮量、情動量などであり、その後はリビードという欲動の量が理論の中核となっていく。先にも述べたように、フロイトが挙げる量とは明確に定義できないものである。それはどのような性質で、実際の量はどの程度のものか、よくわからない。だが、質からではなく、すべてを量に依拠しつつ、理論を構成することが、フロイトの構想が普遍的なものに繋がっていく一つの鍵となっているのは間違いない。「心理学草案」は、基本的には刺激量という量に関する考察からなっているが、この考察は量から質がいかに生まれるかという問題に移行し、その問題系から、記憶や無意識に関する理論が構築されている。その後の精神分析の諸概念も、ほとんどのものが、リビードという量を媒介にすることによって、作り上げられたものである。例えば、「対象」、「同一化」、「超自我」などメタサイコロジーの中核となる諸概念は、リビード概念の媒介なしには構築できなかったであろう。ナルシシズム概念も、対象リビードが自己に向かうという、リビードの移動を想定することなしには生まれえなかった。フロイトが提示した精神分析理論の諸法則である快原理、現実原理、さらには生の欲動と死の欲動の対立などもリビードが下敷きになって提唱されたものである。現在の臨床において、フロイトが提示した諸概念はもはやリビードという量の概念とは無関係に使用されているが、その概念の形成過程には量的なものの媒介があったことは再認識しておいた方がいいだろう。

量的なものについての考察は、フロイトの治療論でも中心に位置している。彼はいかなる精神疾患の根底にも、量的な不調和があると考えた[6]（この量の過大さ、あるいは不調和がその患者にとっての「心的現実」を構成する）。心的機能は自らを維持するため、興奮量を減少させるように働くが、フロイトはこの興奮量を移動させる能力が、その人がいかなる病気になるかを決定づけると論じている。例えば、初期のフロイトは、ヒステリーにおいては興奮量は身体的なものへと移し替えられ（転換症状）、強迫神経症においては「誤った表象」へと結合され、幻覚性錯乱においては、その耐えがたい表象が情動とともに棄却されるという、疾病によって異なった量の移動のメカニズムを想定している。(7)

そして治療機序に関しては、初期のカタルシス療法では、その興奮量を放散させることに重点が置かれ、その後、治療の核心が転移の問題に移ってからは、その目標を欲動の制圧とし、その成否を「われわれに好都合な方向に動員できるエネルギー量と、われわれに抵抗して働く力のエネルギーの量との比例関係にかかっている」(8)と治療に協力的に働く量と治療に抵抗する量の拮抗関係として考えた。さらに後期の「終わりのある分析と終わりのない分析」では、よりはっきりと、分析において「問題になるのはいつも量的なファクターである」と明言し、分析治療の本来の営みとは、「量的なファクター（欲動の高まり）の優位を終息させることにある」と述べている。(9)ここでのフロイトの記述は、素朴に読めば、自我機能が高まり、欲動を制御できるようになることが分析の終結を導くと言っているように読める。しかし、一方でフロイトが量という場合、量の大きさや増減よりも、リズム（つまり刺激量の変化・増大・低減が描く時間的経過）を考えていた。彼は幾つかのテクストにおいて、リズムを、量を調整する質的な性質を持ったものと類推していたことが窺える記述をしている。(10)この論点をさらに先に進めるならば、分析治療の本質とは、患者に内在する量的な大きさや強さを無化することではなく、患者が、自らの量的な不調和を緩和させる固有のリズムを治療過程の中で獲得することにあると言うこともできる。リズムは、個人が獲得する、量的な不快を緩和する一つの内的な力である。量の緩和をこのように考えるなら、それは後にビオンが記述することになる「アルファ機能」の内在化ときわめて近い。[11] つまり分析治療の目標は、患者が治療者の「もの想い（reverie）」の機能を取り入れ、自らの強い不快量を固有のリズムによってメタボライズする能力を獲得することにある。

さて、第三の共通の基盤になる点に関しては、フロイト自身が唯一自らの「方法」について明確に述べている有名な箇所から考えてみたい。フロイトは「ナルシシズム論」で次のように述べている。

精神分析は、滑らかで論理的に申し分のない基礎づけを持つというような思弁の特権を羨んだりせず、漠然として消えかかった、ほとんど表象不可能な基本的思考に進んで甘んじるだろう。科学はこれらの思考を、それが発展していく過程でより明確に捉えようと望むだろうし、場合によってはそれを他の思考と交換することもいとわない。というのもこれらの基本的概念は、いっさいがその上に依って立つような科学の基礎ではないからだ。精神分析の基礎をなすものは、（臨床的）観察をおいて他にない。基本的概念は建造物の最下部をなすのではなく、最上部をなすのであり、それを取り換えたり撤去したりしても何ら損害はない。われわれは今日物理学においてもそのようなことを体験しており、物質、力の中心、引力その他についての物理学の基本的な見方は精神分析の諸概念に比べ、さほど信頼度が高いわけではないのである。[12]

精神分析の基盤となる方法が、臨床的観察であること、これには異論はないだろう。フロイト自身、偉大な観察者であった。彼は病者の症状や行動を観察し、自分自身の夢を詳細に観察し、また患者との治療関係の中で生じる様々な現象を観察した。フロイトとは卓越した集中力を持った、感度の高いまなざしであり、耳であった。しかし、ここで言う観察することとは、量を観察することではなく、質を観察することに他ならず、それは差異を観察することである。だが、彼は自分の理論を構築するとき、質からではなく、もっぱら量という観点から論述を始める。ここにフロイトの方法が持つ独自の力が孕まれている。

基礎となるのは患者の臨床的観察である。しかし、繰り返すが、フロイトは他の精神医学者や精神療法家とは違って、そこに量的な観点から一貫した理論を構想した。だが、量から構築された理論は、内的な一貫性を求めれば求めるほど、現実の観察から遊離し、フロイト自身の言葉を使えば、「パラノイア」的なものになりがちである[13]。実際フロイトの理論にそのような側面があったことは否定できず、その常識的見解からの逸脱に納得できずにフロイトから離れていった弟子も少なくない。だが、彼は自らの理論を覆すような観察例が一つでもあれば、その理論を根本から捨て去る覚悟を常に持ち合わせていた。フロイトは先に私たちが分類した三つの時期のいずれにおいても、自らの構想を何度も改編し、あるいは断念し、理論の再構成を行っている。そこには論理の一貫性を通そうとする強靭な意志と、それにもまして臨床的観察を第一とする絶妙のバランス感覚がある。初期の神経心理的方法においても、概念による理論構築の方法においても、また超越論的原理の探究においても、フロイトは観察および経験によって原理に揺さぶりをかけ、理論を改編し、より普遍性の高いものへと更新し続けていったのである。

このような絶妙のバランス感覚は、彼の臨床技法にも示されている。フロイトの技法論には二種類の観察が見られる。一つは、ある一点に焦点を当てるサーチライト型の観察である。フロイトの観察法はしばしば、サーチライト型の観察に傾く傾向があり、これは意識的に注意を働かせることにつきものの多くの盲点を作る。それゆえ、彼が分析家に勧めたのは、もう一つのタイプの観察、すなわち「漂いわたる注意」に基づく観察である。そしてこのように意図的に脱動機化された注意のあり方が、分析家の基本姿勢となる。おそらくフロイトは、分散した注意とそれに基づいた低い集中が、いかに生産的で創造的なものを生みだすかということをよく知っていた[14]。ある時は一点に向けて凝縮し、ある時は弛緩する。またある時は焦点を絞り、ある時は焦点を広げる。このように分析家は二つの観察の間を行き来する。これこそが、フロイトが考案した観察方法である。理論構築においても、また臨床実践においても、集中と拡散を繰り返しつつ観察を行うこと、これがフロイトの方法の礎となっているのである。

Ⅳ　概念の構築

では、次に私たちが中期と呼んだ時期の方法が、明確に示されている一つのテクスト「ナルシシズム論」を検討することによって、これまでの考察を具体的に考えてみたいと思う。私たちがここで中期のテクストに注目するのは、精神分析の諸概念が生み出されたこの時期の方法に、フロイトの歩みの核心があり、その最大の可能性があると考えるからである。これらの諸概念を、現在の理論的、臨床的観点から新たに検討することは、今日の私たちの臨床に寄与することが多いと思われる。初期の方法や、後期の方法をどう考えるかという点については、後の章で改めて言及しようと思う。

さて、本題に入る前に、一般に私たちが現在、臨床で「ナルシシック（自己愛的）」と呼んでいる患者には、どのような特徴があるか、振り返っておこう。そのような患者は、自己評価が高く、独特の傷つきやすさがあり、また一見傲慢にも見えるが、どこか自信はなく、引きこもりがちである。そして治療関係においては、しばしばエディプス的な転移を起こし、治療者側は、患者に対する憤りや軽蔑といった逆転移を抱きがちである。病態としては神経症かパーソナリティ障碍レベルにある——そういった患者であろう。だが、現在、私たちが「自己愛的」と呼んでいる病理と、フロイトが構築した「ナルシシズム」という概念には、本質的には関係がない。ナルシシズムという概念は精神分析の諸概念の中でも、最も不正確な形で用いられてきたものの一つである。このあたりの事情を、アンドレ・グリーンは、「ナルシシズム概念は、アメリカでは誤って理解されたうえ過度に普及し、イギリスではただハーバート・ローゼンフェルトだけが着目し、フランスでは、それを引き継ぐ分析家がいなかった」と巧みに述べている[15]。日本でも事情は同様で、そもそもナルシシズムを「自己愛」と翻訳したことが、誤解の原因の一つともなっている[16]。自己愛とは精神分析とは関係のない心理学用語である。ナルシシズムは自我と欲動の病理であり、「自己」や「愛」とは直接の関係はないと言っていい。

この論文は、ジェイムズ・ストレイチーの表現を借りるなら「枠組みがはち切れそうな密度」を持っていて、幾つかの観点から論じることができるが、私たちは先ほど挙げたフロイトの方法に見られる三つの共通の基盤という点から、この論文の可能性と難点を改めて捉え直してみる。

第一は、この論文における疾病分類への関心についてである。フロイトは、この論文でパラフレニーを問題にしているように見える。そこには精神病の理解を巡るカール・グスタフ・ユングとの対立、および前年に書いていた「シュレーバー論」の影響があるだろう。しかし、フロイトはナルシシズムをパラフレニー固有の心的機制と考えたわけではない。彼はナルシシズムを、睡眠状態やパラフレニー類似の疾患である心気症、神経症一般、ナルシス的対象選択などに広く見られるメカニズムとして捉えている。したがって、疾病分類という観点からすれば、ナルシシズムは疾病横断的な病態であり、この概念は疾病分類の枠組みとしては機能していない。その一方で、この概念は後にナルシス神経症というカテゴリーのもとで、パラフレニーやメランコリーと再び結びつけられることになる。このようにフロイトはナルシシズムという、そもそも倒錯に由来する病理現象の一概念を、最初は正常現象の領域まで拡大し、後に、精神病のメカニズムとして捉え直すという複雑な操作を行っている。フロイト以降の分析家がナルシシズム概念を混乱した形で引き受けざるを得なかったのも、フロイトの概念構築が孕む錯綜がその一因となっている。

第二は、量という問題設定についてである。この論文でも、リビードという量は、諸概念を考案するさいの重要な媒介となっている。例えば、先にも述べたように、自我リビードと対象リビードという概念を構築するときも、一方が増えれば、他方は減るといったように二つの概念を結び付けている。

またここでも量が増えるほど不快を感じ、量が減ると快を感じるという原則は貫かれている。したがってリビードが自我に蓄積した状態であるナルシシズムとは、その用語が喚起するイメージとは一見矛盾するが、不快なのである。心気症や強いエゴイズムは不快である。ナルシシズムが不快であり、病理であることは忘れてはならない点である。しかし、フロイトはここからいとも簡単に、その不快から逃れるためには、対象にリビードを向けなくてはならないと話を進める。人は病に陥らないためには愛することを始めなくてはならないのだが、どうすればそれが可能なのか、このテクストからは全く想像がつかない。

そして第三の観察の問題に関しては、先ほど私たちはサーチライト型と分散型の二種類に分類したが、ここで問題となるのは、観察という行為の別の側面である。フロイトはこの論考では、ナルシシズムという現象を、あくまで「客観的」かつ第三者的な態度で記述している。そして彼は、距離を置いた観察に基づき、理論的かつ臨床的に解明しようと試みる。しかし、転移＝逆転移が素地となって展開する精神分析行為において、そのような客観的な観察などあるだろうか。周知のごとく、転移＝逆転移という現象を発見し、理論化したのはフロイトの功績である。しかしその技法を体得して、患者を理解する方法を展開していったのは、フロイト以降の分析家たちである。この意味で、転移＝逆転移に基づく精神分析治療を、フロイト自身は本格的には経験していないと言える。

フロイトが「客観的」な記述を選ぶのは、精神分析の「科学性」を維持するためであり、またフロイト個人の資質によるものでもあるだろう。それに加えて、ナルシシズムという現象については、観察対象が観察者に強いる態度でもあった。彼は『精神分析入門講義』において、「ナルシス神経症においては、われわれはせいぜい高い壁に好奇の視線を投げつけながら、壁の向こうで何が起こっているか窺ってみるだけである」と書いている。[17] フロイトは自身の観察の仕方が、あたかもナルシス神経症という病理によって引き起こされたものであり、その「壁」を乗り越える方法はないかのごとく考えている。だが、ナルシシズムの本質は「壁の向こうで何が起こっているか窺ってみる」という観察法では理解できない。それは、転移＝逆転移に基づいた観察でしか捉えることができない性質を持っている。とすればこの論文の限界は、それまでのフロイトの経験の限界に由来すると言えるだろう。

以上の点をまとめておこう。ナルシシズムという概念の導入は、フロイトの理論体系を大きく覆し、新たな理論展開の糸口になったにも拘わらず、この概念自体は導入当初から複雑に錯綜していて、正確に用いることは難しい概念である（それはリビードという概念と同様に、理論体系を構築する上で、他の諸概念を媒介する機能を持つものだとも言える）。フロイトのテクストを読む限り、ナルシシズムという概念は、疾病分類的にいかなる病態とも厳密には結びつかず、またその状態からの治療を想定することも困難である。そして最も重要なのは、フロイトがこの病態に対して転移＝逆転移という観点からの観察法を取らなかったために、ナルシシズムという病態の本質を見誤り、さらには精神分析治療の適応範囲を狭めてしまったことである。

では、このナルシシズムを、改めて転移＝逆転移という観点から見るなら、その本質とはどのようなものだろうか。フロイトはナルシシズムの核心をレオナルド・ダ・ヴィンチの「聖アンナと聖母子」像に見ていたふしがあるが、[18] ナルシシズムの本質はそのような甘美な世界にはないだろう。また統合失調症との親近性もないだろう。その本質はこの概念の起源となった倒錯と同じ病理の土壌にあるのではないだろうか。私たちは具体例から、この問題を検討してみたい。

V　ナルシシズムと倒錯

Aは四〇代後半の専門職に就いている独身女性である。父親は患者が二〇代の頃、亡くなっている。母親は介護の仕事をしていて、患者との結びつきは強い。下に弟がいるが、弟が両親に好かれていることに、Aは激しく嫉妬をし、喧嘩になることが多かった。弟は大学進学を機に家を出ていき、Aは母と二人暮らしをしている。Aは高校時代より、機械音が頭の中で反響することが続いていた。また大学時代には、何度か発作的に自殺衝動が高まることがあった。現在の職についてからは体調不良のため、仕事を休むことがあったが、職場での適応はさほど悪くはなかった。

Aが私のところに来たのは、「今のまま生きていると結局自分は駄目になってしまうだろう」という訴えからであった。数回の予備面接において、スキゾイドの女性が中年期に差し入り、これまで作り上げていた防衛パターンがうまく機能しなくなっているという見通しが持てたので、週四回の分析治療を始めた。

Aは最初の一年間、これまでの彼女の歴史を細々と話した。彼女は、仕事をただ淡々とこなしていて、これまで付き合った男性もいなかった。自分が支えにしているのは母親だけで、母親が死んだらもう自分は生きていけないだろうと考えていた。彼女は饒舌に話したが、そこには何か一貫した流れのようなものがなかった。彼女にそのことを伝えると、私は生活の臭いというものが嫌いなんです、と答えた。実際、Aには生活感がほとんど感じられなかった。彼女と話していると、一人の女性と話しているというよりも、人形と話しているかのような印象を受けた。またAは私に対して、男性としてだけではなく、人としての興味もほとんど抱いていないようにも見えた。彼女は休みの日に一人でパチンコ屋に行き、見知らぬ男性の隣で、一日パチンコをしていると話したが、私はその姿を想像して、寒々としたものを感じた。一方で、セッションにおいても、私たちは互いに一人きりで、ただ二人で並んでパチンコをしているような感じがあった。

半年経った頃、彼女はいつものように時間通りに来て、これまでの治療のことや、子供の頃の話、数年前に見た夢の話をした。それらはいずれも興味深い話だったが、今の彼女とはほとんど関係のない現実感を欠いたものだった。その頃、彼女が話したことで、リアリティを感じさせたのは、彼女が母親の死をひどく恐れていることと、映画などで女性が殴られている場面を見ると、自分もそうされたいと感じることがあるということであった。後者の話はそのときは、詳しく語られることはなかったが、その後、彼女は、命令されたり、罰せられたりするとひどく興奮すると同時に、とても安心すると話すことがあった。実際、彼女は約一〇年前から、ときどきインターネットのSMサイトで知り合った男性とSM行為を行い(患者はM役であった)、心身ともにまとまりを得て、落ち着いた気分になるという経験を何度か味わっていた。

その後、Aとのセッションは、段々と動きのないものになっていった。彼女は時間通りに来て、同じような話をして帰っていった。まるで時間が止まったかのようなセッションが、長々と続き、次第に私はセッションの間、彼女に監禁されているような苦痛を感じるようになっていた。私はこの分析が不毛なものにしか感じられなかった。とはいえ、この時期の治療はAにとっては何らかの意味があったようで、それまで休みがちになっていた仕事にも、毎日通い、少し生きがいを感じるときもあると口にすることがあった。またセッションには休むことなく時間通りに来て、そして何事もなかったかのように帰っていった。

一年ほどたった後のセッションの終わりで、彼女はセッションの間、寝椅子から見える場所に時計を置いていいかと聞いてきた。理由を聞くと、セッションの終わりになると、自分が乗っていた大きな船が急に消えてしまう感じがして、強い不安に襲われるから、と答えた。私は答えは出さずに、次の回に話をしようと提案した。しかし次の回のセッションでは、時計の件で話し合う前に、Aは大きな目覚し時計を持ってきていて、寝椅子の隣にしっかりと置いた。私はあえて反対はしなかった。その回以降、彼女は大きな時計を見ながら、時間を確認しつつ話した。毎回、彼女は深海に潜るかのように、大きく深呼吸をして、考えていることを話し続けた。そしてセッション終了の五分ほど前になると、もういいですと言って、お金を置いて帰って行った。このようなセッションは数カ月続いたが、この間も私は彼女の一人芝居を見させられているような気分を味わった。彼女は私の解釈に対しては、沈黙で返し、自分の話を続けた。セッションは、彼女のプレーの場であるかのように私には感じられた。

その数カ月後のある日、突然、彼女から、これからビルから飛び降りて死のうと思う……と混乱した声で、電話があった。彼女が私に直接、電話をしてきたのはこのときが初めてだった。彼女はセッションの後は、いつも礼儀正しく、このような行動化を起こすことはほとんどといっていいほどなかった。私は今すぐ私のもとに来るように、とやや強い調子で言った。しかしそのように言われるのは、彼女が予想していたことであり、私は単に彼女のプレーの相手をさせられているだけではないかという気もして、いささか辟易していた。彼女は一時間ほどして、私のところにやってきた。私は、ひとまず彼女が私のもとに来たことにほっとした。彼女は椅子に座ると、今日突然、死にたいと思ったのは、母親が肺炎のため急に入院することになり、いたたまれなくなったからだと切実な口調で話した。三〇分ほど話しているうち、次第に彼女は、落ち着きを取り戻し、そしていつもと違う時間に来て、私と対面で話していることに戸惑い（彼女と対面で話すのは予備面接以来だった）、恥ずかしそうに「すいませんでした」と謝り、帰って行った。そのときの彼女は幾分おどおどと恥ずかしげな態度をしていて、私は初めて彼女に女性らしさを感じていた。

その次のセッションでは、彼女はもう時計を持って来なくなった。そして初めて彼女は自分が孤独であるという話を始めた。その話にはこれまでにはない悲しさがあった。またセッション中に沈黙することも多くなった。だが、私はこれまでの彼女の饒舌よりも、そのときの沈黙の中にはるかに多くのことを読み取ることができた。そして、私がセッションの終わりを告げると、彼女は幾分寂しそうな、しかし穏やかな表情を見せ、帰って行った。

Aは、その後は、自殺衝動や強い不安を訴えることはなく、生活を送っている。

＊

この患者は、最初に私が挙げた、傲慢に見え、自己評価を気にするようないわゆる自己愛的な患者ではない。またフロイトがナルシス神経症として捉えた統合失調症やメランコリーの患者でもない。しかし、このような患者にこそ、ナルシシズムの真の姿が示されているように私たちには思える。フロイトが「ナルシシズム論」の後半で示したナルシス型対象選択、つまり愛されることの過剰なまでの要求がナルシシズムの一面であれば、この患者に見られるような現実からの退却は、ナルシシズムの別の側面である。フロイトは「ナルシシズム論」の前半では、この側面を強調しているようにも見える。しかし、フロイトは最初、この側面に目を向けながらも、客観的な観察者の立場に留まり、先ほどのフロイトの表現を使うなら、「高い壁に好奇の視線を投げつけながら、壁の向こうで何が起こっているか窺ってみる」ことによって、論文の後半では、「壁の向こう」が次第に見えなくなってしまっているように思える。

転移＝逆転移の観点から、ナルシシズムの患者を見るなら、それは分析的現実からの完全な退避である。患者の関心は分析家にも、分析家との関係で起きている事柄にも向かない。患者は分析関係において一人であり、分析家も一人にさせられる。このような関係を、分析家の側から見れば、患者との二者関係はなく、分析家は不在の相手とかかわっているような印象を受ける。このような関係の不在を生み出す病理こそが、ナルシシズムの本質である。一方、先にも述べたように、リビードの自我への撤収は、患者に著しい不快を感じさせる。この患者の場合、その量の高まりを下げるために、倒錯行為（SM行為）を行っていた。この倒錯行為は、患者の幻想でも、分析によって誘発された行為でもなく、患者が分析治療を受ける前から実際に行っていた行為なのである。

ナルシシズムを病理の中核とする患者は、性倒錯も伴っていることが多い。私が関与したケース、数例においても、両者の併存が見られた。ある対人恐怖症の男性患者は、ローゼンフェルトの言う、いわゆる「薄皮型」のナルシシズムの患者[19]であったが、自分のせいで父が死んでしまったという罪責感から、男性と時々、性関係を持ち、自分が男性に虐められる女性であると想像することによって興奮を得ていた（第二章Ⅳ節の症例）。また別の強迫神経症の男性患者は、母親から過大な愛情を受けて育ったが、その後女性とは関係を持たず、女性が水中で溺れる姿を想像し、自慰をすることによって興奮を得ていた。おそらく、このようなケースはかなりの数で見られると思われる[20]。このような点を考慮に入れるならば、ナルシシズムの臨床形態は、関係の不在性というだけでは不十分であり、関係の不在性と過度に激しい興奮である。しかもこの興奮が、他者との関係へと向かうことはないという点を考えあわせるなら、ナルシシズムは、関係性の切断と関係の外部における興奮と定義するのがより正確であろう[21]ナルシシズムと倒錯は同じ土壌を持つのである。

臨床的観点からナルシシズム概念を検討するならば、もう一つ新たな問いが生まれる。それはなぜある人はある型の倒錯を選ぶのかという「倒錯選択」の問題である。フロイトが神経症選択の問題に長年関心を向けたことはよく知られている。また一方で、フロイトは倒錯の類型にも早くから関心を持っていた。すでにヴィルヘルム・フリースに宛てた一八九九年一二月九日付の手紙の中で、彼は神経症選択を論じた後に、倒錯形成（Perversionsbildung）の問いを議論の俎上に載せている。「倒錯選択」の問題は神経症選択と同様に、複数の要因が絡み合った難しい問いである。ここではひとまずその問いを指摘するだけにとどめておこう。

VI 本書の構想

私たちは、本書の導入として、中期の重要な概念であるナルシシズムを検討してきた。この概念については、第二部でより詳細にその多義性を論じることにするが、ここであらかじめ本書の方針を明確にしておこう。

先に私たちは、フロイトの方法を、初期の神経心理学的方法、中期の概念構築的方法、後期の超越論的原理の探究の三つに分けた。一九五〇年の「心理学草案」の発見は、初期のフロイトの方法を見直す契機となり、一九五〇年代以降繰り返し「心理学草案」の方法に、多くの分析家の関心が向けられた(22)。しかし、私たちはフロイトの初期の方法とは距離を置くことにする。というのも、フロイトの読解を通じて、現場の精神分析臨床の再考を促すという本書の試みにとって、初期の神経心理学的方法は、参考にするのがきわめて難しい方法だからである。フロイトが神経心理学的方法にこだわったのは、当時はそれこそが科学だったからであり、フロイトの方法の根底には自らの学を「科学にしようとする意志」[23]があった。しかし、現在このような方法を継承することは、精神分析を臨床から遠ざける方向にしか働かないだろう。[24]したがって本書は、もっぱらフロイトの中期、後期の方法を引き継ぎながら議論を進めていく。

第一部では、『ヒステリー研究』に始まる、分析家フロイトの仕事を、倒錯の病理をモチーフとして把握することを試みる。いま私たちは、ナルシシズムが倒錯と内的な関係を持つことを示したが、フロイトの理論化の過程をよく検討してみると、『性理論三篇』（一九〇五年）から「マゾヒズムの経済論的問題」（一九二四年）に至るまで、性倒錯の主題が理論の根幹に位置していることがわかる。フロイト理論において、倒錯が理論構築のさいの隠れた動因になっていることは、意外と知られていない事実である。[25]第一章ではヒステリー理論において、第二章では強迫神経症の理論化において、倒錯という問題がどのように理論構想上の鍵となっているかを明らかにする。第一部の記述は、幾分入り組んでおり、本書の中では一番難しく感じられるかもしれない。しかし、第一部を丁寧に読んでいただければ、精神分析において倒錯論、およびその基盤をなす欲動論がいかに重要な位置を占めているか、よくわかると思う。

第二部では、フロイトの中期、年代的には一九一〇年代の歩みに焦点を当て、彼がナルシス神経症と呼んだ精神病の諸問題を論じる（第三章）。このさいにも中核となるのは、ナルシシズムという病理であり、ナルシシズム概念がフロイト理論にもたらした展開と混乱、さらにはフロイトがたどり着いた地点を丹念に追うことにする。そして第四章では、ナルシシズム概念と緊密な関係を持つフロイトの自我概念を検討する。この自我概念の完成は一九二三年の『自我とエス』であり、この問題は、時期的には後期の課題だと言える。しかし、中期の時点でフロイトの自我論、超自我論の構想の骨子はほぼ全て出ており、自我概念は中期の理論の結節点をなしていると言ってよい。

第三部では、死の欲動がフロイト理論全体にもたらした衝撃を論じる。年代的には一九二〇年以降のフロイトである。死の欲動についてはすでに多くの分析家が様々な角度から論じているが、フロイトは、死の欲動を発見することによって、人間の奥深くでうごめいている根源的なマゾヒズムを見いだしたのである。フロイトが自らの探究で発見した死の欲動の前でたじろいだのは、有機体が内在的に死を目指すという理論的帰結よりも、人間が本質的にマゾヒストであるという事実に対する驚きによるものである。第五章では、「子供が叩かれる」というフロイトの奇妙なテクストの読解を通し、人間のセクシュアリティの構成様式を解明する。そして第六章では、死の欲動とマゾヒズムの関係を明確化することを試みる。そしてそこから見えてくる臨床的課題について私たちなりの解決案を提示することにしよう。

第四部では、フロイトの臨床技法と分析家という仕事（métier）について論じる。第七章では、精神分析臨床における技法の変化の問題、および精神分析の終結および目標という課題について考察を加える。そしてエピローグで、分析家が日々、どのように自らの生を通して、精神分析という仕事を洗練させているかという点を述べる。フロイトの歩みは、自らを一人の精神分析家として形成していく過程であった。後世の分析家はフロイトの歩みに決定的な影響を受けながら、自らの臨床的営為のなかでそれぞれが独自の仕方で分析家になる。

本書は、もちろんテクスト上だけのフロイトの再解釈を目論むものではない。分析家という特殊な仕事を営む人間が、日々の臨床のなかで、どのように思考と感情、身体を用いて、独自の知を生み出しているかという、その仕事の秘訣を読者に伝える試みなのである。

第一部

倒錯論としての精神分析

第一章　ヒステリーの建築様式

精神分析とはセックスをしないと決めた二人が、互いに何を話すことができるかを問う実践である。

——アダム・フィリップス（フロイトの精神分析技法に関する著作［ペンギンブックス版］の序文）

I　ヒステリーの問い

私たちは、フロイトの錯綜した方法を俯瞰的な観点から、初期、中期、後期に分け、その方法の共通点として、疾病分類への関心、量的なものへの配慮、独自の集中に基づいた観察という三点を取りだした。そして、この共通点を具体的な形で提示するために、中期の代表的なテクストである「ナルシシズム論」を取り上げ、この「枠組みがはち切れそうな密度」（ジェイムズ・ストレイチー）を持った論考を現代の臨床的観点から再検討し、その可能性と難点を論じた。そのうえさらに臨床例を考察するなかで、ナルシシズム概念が、倒錯と同じ土壌を持ち、倒錯の問題系が、精神分析の理論形成に中心的な方向性を与える役割を示していることを指摘した。そして、フロイトの理論構築過程に倒錯の問題がいかに深く関与しているかという論点を提示した。

本章で取り上げるのは、精神分析の出発点となったヒステリーであり、それを生み出す抑圧という防衛機制である。フロイトは、この抑圧という機制を「精神分析の支柱」と明言し、まずはこの機制が持つ謎を解明するなかで、無意識概念を明確にし、抑圧概念との関係で抵抗、転移といった精神分析の中心的諸概念を構築していった。

ところで、現在、私たちはこの抑圧という概念をどう捉えているだろうか。大部分の人は、抑圧という概念を他の防衛機制と並ぶ一つのメカニズムというように漠然と考えているだろう。しかし、抑圧を他の防衛機制と同等に位置づけ、その機制の固有性を消し去ってしまうなら、ヒステリーおよび抑圧が切り拓いた問いの幾つかは見失われてしまう。本章で問題にするのは、抑圧という考えがそもそもどのような問いから発生し、それはどのような形で解決され、またどのような問題を残しているかという問いの系譜である。その系譜をたどることによって、抑圧理論と緊密な関係を持つヒステリーの治療論を考えなおしてみたい。

Ⅱ　抑圧とは何か

初期のフロイトの豊富な構想を、現在私たちはヴィルヘルム・フリース宛ての手紙の中に読み取ることができるが、彼が情熱を傾けた探究の一つは、ヒステリー、強迫神経症、パラノイア、倒錯という四つの疾患の形成過程（神経症選択の問題）を、抑圧というメカニズムによって把握することであった。この探究は紆余曲折しながら進んでいくが、おおむねフロイトは抑圧を引き起こす出来事として、

「一次的体験」あるいは「場面」と彼が呼ぶ、早すぎる性的刺激を想定している。そしてそのような性的刺激を、どの時期に、いかなる形で経験するかということが、神経症選択の謎を解く鍵になるとフロイトは考えた。しかしこの「すべての理論を抑圧の臨床に合流させる」[1]という試みは彼を途方に暮れさせる。[2]この試みのなかで、フロイトは幾つかの仮説を立てている。その一例を挙げると、抑圧が起きた時期については、ヒステリーの場合一歳半から四歳、強迫神経症の場合は四歳から八歳、パラノイアの場合は八歳から一四歳であり、倒錯では抑圧が起きないと想定している。[3]またその早期の性的刺激を、ヒステリー患者は不快として経験するのに対し、強迫神経症者はそれを快感および罪責感として経験し、またパラノイアはその刺激を他人に対する過敏さ（不信）として経験するとフロイトはその体験様式を区別している。[4]しかし、神経症選択の問題を抑圧という観点から解明するという試みは、理論的な完成に至らず、大部分は放棄されることになる。

ここで注意しておかなくてはならないのは、この時期のフロイトが、防衛と抑圧という概念を明確に区別することなく、不快の回避という意味合いで漠然と用いていたということである。つまり彼は当時、抑圧という現象の特殊性に自覚的ではなく、防衛と置き換えてもかまわないものとして理論化していた。フロイトが抑圧という概念を、防衛と区別し、その固有の機制を重視したのは、『あるヒステリー分析の断片』（以下「症例ドーラ」と記す）を発表した翌年の一九〇六年のことである。[5]しかしその後も、この二つの概念の関係は明確にされることはなかった。そして一九二六年の『制止、症状、不安』の補足の章において、フロイトは両者をはっきりと異なったものとして区別するに至る。フロイトによれば、抑圧はヒステリーと内密な類縁性を持ったメカニズムであり、他の疾患、例えば強迫神経症にみられる「孤立化」、「取り消し」などの防衛機制とは異なった機制である。つまり防衛とは自我が不快から回避するさいに用いる機制を示す包括的な概念であり、抑圧とはあくまでヒステリー患者が用いる独自な過程とフロイトは結論づけている。

抑圧はヒステリー固有のメカニズムである――フロイトの曲がりくねった歩みを見失わないように、まずはこの点をしっかりと押さえておこう。この抑圧という防衛メカニズムを他の疾患を理解するさいにも応用することによって、彼は精神分析の基本的な骨組みを構成したのである。では、抑圧とはどのようなメカニズムなのだろうか。

抑圧とは、不快な表象を意識から遮断し、それを無意識に追いやることである――これは抑圧の一次的な定義である。しかしフロイトはその本質というものを、不快な表象を意識から遮断する働きとは別の点に見ていた。彼がその点を初めて明確にしたのは、一九〇〇年の『夢解釈』においてである。「幼年期に発し、不滅でかつ制止もされないこの欲望の動きの中には、それが成就されることによって、二次的な思考の目標表象との矛盾の関係に入り込んでしまうものがある。これらの欲望たちの成就は、もはや快の情動ではなく、不快の情動を喚起するだろう。そしてこの情動反転（Affektverkehrung）こそ、われわれが「抑圧」と名づけているものの本質をなしている。どのような道を通って、どのような諸力の原動力によって、このような変換が起こりうるかということに抑圧の問題があるのだが、ここではそのことに触れておくだけでいいだろう」[6]（強調は原著者）。情動反転こそが抑圧の本質である。

これが抑圧のメカニズムを考える上で重要な点である。さらに一九〇五年の「症例ドーラ」には、次のようなよく知られた記述がある。「性的興奮を起こす何らかのきっかけによって、主に不快な感情が呼び覚まされたり、もっぱら不快な感情だけが呼び覚まされたりするような人物は、身体症状を生み出す力があろうがなかろうが、例外なく、私は躊躇うことなくヒステリー者と見なすだろう。このような情動反転の機制を解明することは、神経症の心理学の最も重要な課題であると同時に、最も難しい課題の一つである」[7]（強調は原著者）。情動反転の機制が見られるなら、その患者はヒステリーと診断しても間違いではない。これもまた抑圧の本質を考えるさいに重要な点である。

抑圧の本質を情動反転に見るというフロイトの観点を、私たちが重視するのは、表象の意識からの遮断という考えが、心的装置の構想から導かれた思弁であるのに対し、情動反転はフロイトがヒステリー患者との治療経験の中で得た知見だからである。だがこの情動反転という機制の解明は、フロイトの言葉を借りるなら、「神経症の最も難しい課題の一つ」であった。では、この課題にフロイトはいかに取り組み、どのような解決の道を見いだしたのか？　時系列的に見るならば、フロイトは抑圧の本質としての情動反転という問題を、一九一五年の「抑圧」というテクストで、明確な論点として示し、一九二六年の『制止、症状、不安』において、この問題に一応の決着をつけている。しかしこの「決着」がはたして本当に問いの解決になっているかどうか、検討しておくべきだろう。

フロイトは情動反転という機制を考える難しさがどこにあったかということを、一九二六年のテクストで改めて整理している。

抑圧における過程についての私たちのこれまでの記述は、意識からの遮断がうまくいくことを特に強調してきたが、他の諸点については疑問を未解決のままにしてあった。そこで生じる問いは、エスにおいて活性化され、充足を求める欲動の動きの運命がどのようなものか、ということである。それに対しては、抑圧の過程を通して、期待された充足の快は不快へ転化すると婉曲的に答えることしかできなかったが、すると今度は、どうして欲動の充足の結果が不快になりうるのかという問題に突き当たった。(8)

この一節をパラフレーズすると次のようになる。フロイトによれば抑圧を理論的に考える場合、表象と欲動という二つの側面を考慮しなくてはならない。表象については、先にも述べたように、抑圧によって不快な表象は、無意識に追いやられる。これはそもそも抑圧という機制の仮説（定義）であり、議論の出発点である。ここから理論を展開するうえで難しいのは、そのさいに欲動がどのような運命をたどるかという問題である。フロイトが一九一五年の「欲動と欲動の運命」で述べたように、早期の心的段階においては、欲動は表象との関係を持っていないため、反対物への変換や自分自身への向き直りといった能動、受動という機制の欲動変換によって、欲動は自分自身へと回帰し、自体愛的な充足を得る。しかし欲動が表象への対象備給を行うようになると、抑圧という機制が働くとフロイトは考える。しかしそもそも欲動の充足が快であるなら、そこに抑圧が働く根拠はない。抑圧が働くのは、欲動の充足が快ではなく、不快をもたらすからである。しかし欲動の充足が不快をもたらすというのはどういうことだろうか。フロイトは、「抑圧」というテクストの中で、欲動の充足が不快をもたらすという事態に対しては、その状況を具体的にイメージすることができないと述べている(9)。

また同じテクストでフロイトは、抑圧が働くのは、欲動がある場(Stelle)では快を、別の場では不快を引き起こす場合であろうと推測している。この考えはすでに心的組織を複数の場所に分けるという「第二局所論」の構想とつながっている。そしてこのテクストの後半では、さらに表象に対するエネルギー(リビード)備給の撤収という、抑圧によって生じる量的因子の運命が取り上げられている。フロイトによれば、抑圧された表象は、何らかの定められた関連に沿って、移動(Verschiebung)という方法を取って作り上げられるが、表象に備給された量的成分は消え去るわけではなく、不安へと転化される。ここで抑圧の問題は、不安というフロイトがまた長年にわたって関心を持ち続けてきた問題系と合流することになる。

すでに述べたように、フロイトの関心を長年惹いた情動反転の機制については、その約二〇年後になって、ようやく一応の決着をつけている。

> 私たちは次のように断言することで、この事情を解明できると望んでいる。すなわち、エスにおいて意図されていた欲動の動きは、抑圧の結果、意図どおりの経過をたどることができず、自我は首尾よくその経過を阻止するか、あるいはその方向を逸らさせる、と。こう考えれば抑圧における

「情動反転」という謎は解消される。しかし、このことによって私たちは自我に、エスにおける諸過程に対してきわめて広範な影響を及ぼすことができると認めてしまったことになる[10]（強調は引用者）。

フロイトはこの時点では、心的編成に関して、エス、自我、超自我からなる第二局所論の立場を取っている。このように場を複数化することによって、欲動の充足があくまで快であるという原理を維持しつつ、それがエスにとっては快であるが、自我にとっては不快になると考えることが可能になる。これがフロイトが最終的に引き出した情動反転を引き起こす機制であり、その機制を作動させる中心的な場所は自我だと想定している。

フロイトは抑圧、およびその本質としての情動反転という機制を議論の俎上に載せることによって、他の諸問題（心的場所の編成の問題、不安の問題[11]）にまで、自らの問題設定を拡張している。こうした議論の展開をたどっていくならば、情動反転という機制が複数の問いを媒介する役割を果たしていることもよく見えてくる。そして――繰り返すが――抑圧の本質としての情動反転という機制について、フロイトは、快―不快を感じる場所の複数化（第二局所論への移行）および自我機能の拡大によって、その答えを一応見いだしている。

だが、この問いの解決の仕方は十分に納得のいくものだろうか？　こういう問題の解き方は、フロイトがヒステリー患者を臨床的に観察するなかで生まれた問いを、一九一〇年代の彼の関心事であったメタサイコロジーの構築作業と並行しつつ、同時に解答を得ようとしたために、問いの本質を見逃していように思える。この解答は、神経症全般の防衛過程としての抑圧を説明しているに過ぎないのであり、ヒステリー固有の抑圧およびその本質としての情動反転の機制の理解を深めるものにはなっていない。言い方を変えるなら、この解答は、ヒステリーという病理と情動反転という機制の内密なつながりが見えなくなってしまっているばかりか、「快を感じるところで、不快を覚える人はヒステリーである」というフロイトが彼の優れた臨床的直観で捉えた核心的なものが、すっぽりと抜け落ちているのである。ここでは、フロイトとは別の仕方で、彼を長年煩わせた情動反転の問いを、捉え直してみようと思う。

Ⅲ 「ヒステリーの建築様式」

一八九七年五月二五日にフロイトはベルリンに住むフリースへ、いつものように理論的思索と日常的な覚書きを書き連ねた手紙に添えて、「草稿M」と現在名づけられている断章を送っている。その草稿には「ヒステリーの建築様式」というタイトルがつけられていた。[12]

> たぶん次の通りである。場面（Szene）のいくつかには直接近づくことができるが、他のものには前に置かれた幻想を経てのみ近づくことができる。場面は増大していく抵抗に従って配列されており、より軽く抑圧されたものは、初めは強く抑圧されたものとの連合のために不完全にしか現れてこない。作業の道はループをまず場面まで、あるいはその近くまで下降し、次いで一つの症状からもう一つ

先まで下がり、その後、再びその症状から下の方へ降りる。たいていの場面が少数の症状において結びついているので、その際、同じ症状の背後の思考を貫いて繰り返してループが描かれる。[13]（図1を参照）

フロイトはこのようにヒステリーの病理を、複数の「場面」によって構築されている一つの建築物と考えている。ヒステリー患者を治療していると、しばしば幻想を媒介にして最終的に一つないし複数の「場面」に到達するが、フロイトはその「場面」がこの建築物の土台をなしていると考えていた。ところで、この時期のフロイトはその「場面」を親からの実際の誘惑「場面」の記憶と想定していたが、その考えは同年九月二一日の「誘惑論」の放棄（「誘惑場面は幻想に過ぎない」）とともに、完全に捨て去られてしまう。建築は、現実の「場面」ではなく、幻想を土台とするのである。

「ヒステリーの建築様式」という草稿を考える上で、重要な点は二つある。一つはこのアイデアが、その二年前に上梓した『ヒステリー研究』での、ヒステリーの心的素材の層状構造の記述とは大きく異なっているという点である。『ヒステリー研究』では、フロイトはヒステリーの病理を、一つないし複数の病因の核のまわりに同心円をなす三つの層として、その形態を描き出していた。このそれぞれの層は同じ強さの抵抗をなす層であり、核に近づけば近づくほど、抵抗の力は増大する。そしてこの三つの層からなる構造は、心的装置においては、生命における「異物」のように振る舞うとフロイトは考える。そして彼によれば、ヒステリーの治療とは、この「異物」を取り除くことにある。とは

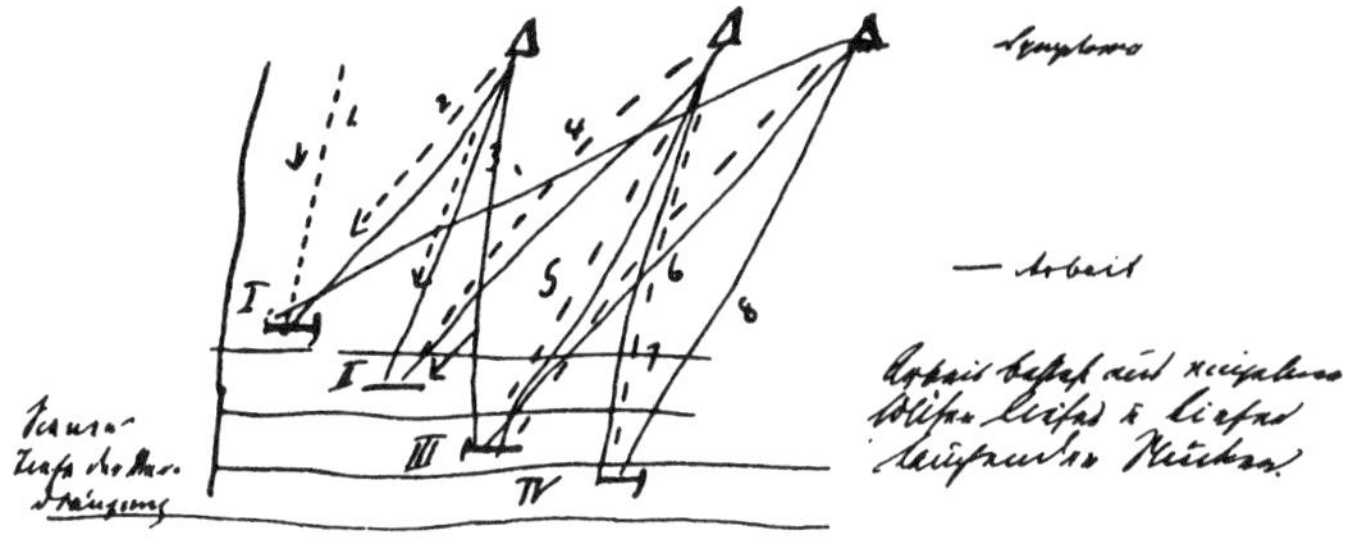

［すべての点線、→および数字は現物においては赤色である。―― Arbeit（作業）という語も同様である。文字の書き換え：Szenen（場面）／Tife der Vrdrangung（抑圧の深さ）／Symptome（症状）／―― Arbeit（作業）／Arbeit besteht aus einzelnen solchen tiefer und tiefer tauchenden Stucken（作業はこのような次第に深く潜っていく個々の部分から成り立っている）］

図1　草稿M

いえ、この「異物」は、自我の中に食い込んでいて、自我から、きれいさっぱりと取り除ける性質のものではなく、むしろ自我内部への「浸潤物」のようなもので、治療においてできることは、せいぜいこの「浸潤物」と、それまで遮断されていた自我の領域との循環をよくすることくらいだろうと、フロイトは述べている[14]。

一方、「草稿M」では、もはやヒステリーの病理を「異物」や「浸潤物」と考える発想はなくなっている。フロイトはここにおいて、ヒステリーの病理をヒステリー患者自身と区別することなく、同一のものと考えている。つまりヒステリーとはある感じ方や振る舞いをする人がもともと作り上げていた「建築様式」であり、この建築物の構造は、たとえヒステリーの症状が消失したとしてもそれ自体のあり方は基本的には変わらないのである。そしてこの構造こそが、「神経症選択」の決め手となっている（これは、経験を積んだ分析家なら、ヒステリー患者と少し話すだけで、症状の有無を問わず、容易にその人をヒステリーと診断することができるという経験的事実と通底する事柄である）。フロイトがここで「建築様式」と呼んでいるものは、主体をヒステリーへと導く（選択させる）構造に他ならない。

もう一点は、この「場面」がヒステリーにおいては完全に受動的な形で経験され、それがこの建築物の形を決定しているというフロイトの重要な洞察である。フロイトは一九〇六年に次のように書いている。

当時私は、控えめではありながらも、患者が語る幼年期の性体験の場面で、患者が受動的に振る舞う場合はヒステリーに特有な素質が現れ、反対に能動的な振る舞いを示す場合は強迫神経症に特有な素質が現れるとみなしていた。後に私はこうした見解を、完全に放棄せざるを得なくなった。(15)

ヒステリー患者は「場面」において受動的に振る舞うのに対し、強迫神経症者は能動的に振る舞うという、神経症選択を決める受動・能動の問題(16)についても、フロイトは誘惑理論の放棄とともに、発想の変更を余儀なくされている。しかし、この「場面」をヒステリー患者が幻想する一つの表象（イメージ）、あるいはその幻想の中における主体の態度のあり方というように置き換えるならば、フロイトの考えは今日においてもヒステリー的なるものの核心を捉えているように私たちには思える。

ともあれ、「草稿M」を書いた後の数年間、フロイトは「ヒステリーの建築様式」を解明することから一旦離れ、自己分析に没頭する。その後、彼の関心は、夢へと向かい、大著『夢解釈』が刊行される。……そして「草稿M」から数年経った後、「症例ドーラ」を分析するなかで、フロイトの思考の中に再び情動反転の問いが再浮上してくるのである。

Ⅳ 「症例ドーラ」を再解釈する

「症例ドーラ」は、フロイトが『夢解釈』『性理論三篇』といった重要な著作を発表する流れの中で、一九〇五年に出版されたヒステリー患者の詳細な分析例である。この症例についてはすでに数多くの研究書が書かれているうえに、この報告におけるフロイトの治療技法の欠点まで、何人かの分析家が指摘している。[17] 例えばパトリック・マホーニーは、フロイトの転移解釈の欠如と逆転移が、この分析を「精神療法的惨事」に陥らせていると述べ、またラカンは別の観点から、ドーラが同一化していたのはK氏であり、K氏の位置から、女性の謎を体現しているK夫人を愛していたことに、フロイトは気がついていなかったと述べている。私たちはここで先行研究の細部には入らない。症例報告とはそれがいかに事実に基づいてなされたとしても、治療者（フロイト）が再構成した一つの「フィクション」であり、第三者がその「フィクション」をどう詳細に読んでも、結局は元の治療関係で起きた「現実」の一側面からの理解以上のものにはたどりつかない。症例報告に関する注釈はそのどれもが、ある特定の観点に立つことによって明らかになる患者の病理と治療の盲点の解明である。したがって、すでに終わってしまった症例報告を再解釈する場合に大切なことは、その症例にどのような角度から焦点を当てるならば、より治療的に意義がある示唆を引き出すことができるかという実践的問題である。私たちは、これまで注目してきた情動反転という機制に焦点を絞り、この華麗な建築物とも言えるヒステリー症例を読み直してみようと思う。

「症例ドーラ」の概略については、私たちが行う読解の参考になる程度にその病歴をまとめておく。ドーラ（イーダ・バウアー）は、繊維工場を経営する父親と強迫的な潔癖症の傾向を持った母親の間の第二子である（兄のオットーは、後にオーストリアの外務大臣になる）。彼女の家には、未婚の女性の家庭教師がいたが、彼女がドーラの父に恋愛感情を持っていることを知って、ドーラは彼女を解雇してしまう。ドーラ一家は、ドーラが六歳の頃、父の結核の治療のために、北イタリアの湖辺に療養するが、そこで一家はK氏の一家と交遊関係を結ぶことになる。その間に父とK夫人は性関係を持つようになり、ドーラはあたかも大人たちの間で仕組まれた共犯関係の交換物であるかのように、K氏に譲り渡される。K氏はドーラが一四歳のときに、自らが営む商店のドアの近くで突然彼女に接吻をするが、ドーラはそのさい激しい吐き気を覚える。その二年後には、K氏はドーラに湖畔で求愛するが、彼女はK氏の頬に平手打ちを喰らわし、走り去ってしまう。そして一八歳時に、ドーラは、呼吸困難、神経性の咳、失声、偏頭痛などの症状を呈するようになり、父に連れられてフロイトの元を訪れ、約三カ月の分析治療を受ける……。

この「ロマネスク」な症例報告は、まずはドーラの生活史と病歴を詳細に俯瞰するように描くことから始まっている。フロイトの観察はまずはパノラマ的である。そして、治療状況から引き出された事実に基づき、ドーラの症状や幻想が、緻密に解明されていく。ここからはフロイトの関心は幾つかの事柄へと焦点化され、それを過去へと垂直的に遡っていくという方法が取られている。またフロイトは、ドーラの個別的な病理現象を明確にしていくだけではなく、そこに「ヒステリー性同一化」、「身体側の同調」、「ヒステリーと倒錯の連関」といった理論的考察を縫い合わせるように論述を進めていく。後半では、二つの夢が取り上げられ、第一の夢においては、ドーラの幼年期の性愛（夜尿）に、第二の夢では、彼女の思春期の性的幻想に焦点が当てられ、ドーラの性欲動のあり方が解明されていく。そして第二の夢の分析の過程で、ドーラの方から突然、治療の中断の申し出があり、報告の最後では、転移についての理論的考察とドーラを取り囲む男たち（父、K氏、フロイト）に対する復讐という動機が論じられる。第二の夢に出現する、ドーラがラファエロの「システィーナの聖母」の絵の前で立ち止まる二時間、治療に残された二時間など、二が反復するこの報告の最後の箇所はサスペンスさながらの仕立てとなっている。

さて、先にも述べたように私たちはこの症例報告を、情動反転がみられる二つの場面に着目して、その読解を進めることにしよう。その二つの場面とは、一つはK氏が一四歳のドーラに突然接吻をする場面【一】であり、もう一つは父親とK夫人の性交渉についてドーラが幻想する場面【二】である。後述するように、この二つの場面での情動反転の機制は異なっている。分析経過においては、フロイトは前者の場面を解釈することにより、後者の場面の分析に到達している。「ヒステリーの建築様式」という観点から見るならば、ドーラという「建築物」のより深部に位置しているのは、【二】の場面である。

まず、【一】の場面だが、これは幻想というよりもフロイトがドーラから直接聞いた告白である。しかし、その細部には当然のことながら幻想的要素が混入している。その告白をもとにフロイトは【一】の場面を再構成している。……ドーラはK氏に密かに惹かれていた。そして一四歳の少女にとって、好きな男性からの接吻という経験は性的興奮の感覚を示したはずだとフロイトは想像する。だが、ドーラはそのさいに激しい吐き気を覚え、その場から立ち去ってしまう。

フロイトはこの場面に情動反転の一つの例を見ている。抑圧されているものはK氏への愛である。そして愛情が吐き気に反転する現象を、彼は「身体側の同調」を中心的な機制として次のように解明している。あらゆる精神神経症の中でも、ヒステリーを特徴づけるものは、無意識的な興奮が「身体側の同調」を得て、身体への通路が生み出されるということである。そのさいには幼年期からすでに方向づけられている通路（放散路）がしばしば利用される（「症状は、新しいぶどう酒で満たされている古い革袋のようなものだ」と、フロイトは書いている[18]）。「身体側の同調」は、ヒステリーをヒステリーたらしめる機制の一つである。そしてドーラの場合、「身体側の同調」を得る場所として利用されたのは、彼女が幼年期から長く続けていた「おしゃぶり」によって形成された口唇に起点を持つ粘膜管であっただろうとフロイトは推測する。

ではなぜ愛情は吐き気に変わったのだろうか？　ドーラの吐き気について、フロイトは二つの点から説明を試みている。一つは彼女が接吻されたときに、彼女の下半身には勃起した男根が押しつけられる感覚があったであろうという推測に基づいた説明である。その感覚は彼女の性器に類似の変化をもたらしたであろう……。そして、その興奮は、彼女の場合、彼女が獲得した口唇に起点を持つ粘膜管の通路を下から上へと移動し、消化管の入口の粘膜管の不快感として放出されたのだろう……、と。もう一つは、吐き気の感覚が本来排泄物の匂いに対する反応であったという道徳の起源についてのフロイトの自説に基づいた説明である。[19] 男根は性的機能と排泄機能の両方を合わせ持ち、排泄物（尿）の匂いを連想させる。それゆえドーラにとって、男根のイメージは吐き気の原因となったのであろう……、と。このような二つの連想経路を介して、ドーラにとっては、接吻が呼び起した刺激は吐き気となって現れる、というのがフロイトの【一】の場面における情動反転の機制の解明である。そして分析作業はさらに深化し、【一】の場面の分析は、【二】の場面の分析へと到達することになる。

【二】の場面、つまりドーラの父親とK夫人の性交渉についての幻想に対して、ドーラは、嫌悪を抱く一方で、この幻想を楽しんでいるように見える。それはドーラの現実の行動にも表れている。ドーラは、父親とK夫人の関係に対しては、「娘としての領域を越えた嫉妬深い妻のように」怒りを向けている。しかし、その一方でドーラは父親とK夫人が二人きりになれるようにできる限りの配慮をし、K夫人の子供の世話をするなど、K夫人の代わりをつとめてもいる。ドーラの幻想に対する嫌悪と悦びは、このような相矛盾する行動を引き起こしている。

この幻想の根底にも「身体側の同調」を得た身体器官（口唇領域）が重要な意味を持っていることは、分析の比較的早い段階で明らかになっている。執拗な咳の症状が続いていた時期に、ドーラが「K夫人が父のことを好きなのは、父が役に立つ（vermögend）男だからです」と言うのを聞き、フロイトはそのときの彼女の表現が持つある種の雰囲気から、この言葉の背景には、「父は役に立たない（unvermögend）男（不能）である」という意味を読み取る。さらにフロイトがドーラに、K夫人と父の二人が恋愛関係にあると言い張りながら、父親は不能であるとも言うのは、矛盾があることを指摘すると、ドーラは「性的な満足を得る仕方は一つではないことを知っている」と答える。そこでフロイトが「あなたは興奮状態にある身体の部分（喉、口腔）のことを考えていますね」と解釈すると、ドーラはそこまでは考えていなかったと言いつつも、フロイトの言葉を聞き入れたのである。そしてこの解釈の後、あれほど頑固に続いた咳は消失している。

　このように【二】のドーラの幻想においても、【一】の場面と同様に、「身体側の同調」が関与していることは確かだが、この幻想の中での情動反転（この点については後述する）において、中心的な役割を果たしているのは、「ヒステリー性同一化」によって形成された幻想の構造である。したがって、【二】の場面における情動反転の機制を明確にするには、この幻想をより緻密に分析する必要がある。

　K夫人と父との関係が明らかになったときの、「ドーラがもたらした数々の騒ぎ、自殺の仄めかしなどを踏まえると、ドーラが母親の立場に自分の身を置いていたことは確かである」とフロイトは述べる。そしてさらに、ドーラの咳症状が性的状況の現実化だとするならば、ドーラはこの幻想の中で同時にK夫人の立場に身を置いていただろうと彼は推測している。つまりドーラは自分を「父親によってかつて愛された女性と今愛されている女性に同一化している」のである。ここに示されているのは、ドーラのエディプス願望である父への愛である（この時期にドーラの父への愛が再活性化したのは、

K氏への愛を抑えるために反動的に父への愛が強化されたのだろうとフロイトは解釈している）。

ドーラはK夫人について話すたびに、彼女の「その魅惑的な白い肢体」を誉め称えたことをフロイトは強調している。さらにK夫人の白い肢体は、ドーラの「第二の夢」の中では、ラファエロの「システィーナの聖母」の位置にまで高められ、ドーラはその絵の前で夢見心地で立ちつくす[20]。ここに彼は、ドーラのK夫人に対する同性愛的な感情の流れを読み取り、「症例ドーラ」の病状報告（I節）の最後で、この流れこそが最も深い水準で抑圧されていたと見抜いている[21]。つまり、【一】の場面で抑圧されていたものが、K氏への愛であるとすれば、【二】の場面で抑圧されているのは、K夫人への愛である[22]。そして、このK夫人への愛こそが【二】の幻想を最も深い地点から規定しているのである。

ではこの幻想における情動反転はどのようなものだろうか？ 反転する前の情動とはK夫人への愛情である。ドーラは彼女の身体を「その魅惑的な白い肢体」と表現し、しばしば（K夫人への）「崇拝」という言葉を使うことからもわかるように、この愛情は現実から遊離した「崇高」なものとして理想化されている（ヒステリー患者は情動を崇高化する際立った能力を持つ）。そして反転後の情動とは、（嫌悪ではなく）無関心である。「症例ドーラ」を読めばよくわかることだが、ドーラはこの幻想の場面に対して不思議なほど無関心（傍観者的）なのである。無関心というのも情動の一つのあり方である。つまり、ここでは【一】の場面で見られた、「身体側の同調」を中心的な機制とした、愛情から吐き気という情動反転ではなく、愛情から無関心という情動反転が起きているのである[23]。

これまでの解釈を簡潔に要約すると、次のようになる。「症例ドーラ」では、【一】の場面においては

K氏への愛が、そして【二】の場面においてはK夫人への愛が抑圧されている。そして、【一】では、「身体側の同調」という機制により、愛情から吐き気へという情動反転が生じ、【二】では、「ヒステリー性同一化」によって形成された幻想に基づき、愛情から無関心へという情動反転が生じている。どちらの情動反転もヒステリー患者に見られるものだが、より強い抵抗の層に位置し、ドーラという主体を根底から規定しているのは、【二】の情動反転である。そしてドーラを分析するさいに、フロイトは【一】の場面の情動反転の機制に主に注意を向け、【二】の情動反転の機制への注目が不十分であったために、この分析はその深層まで到達しなかったのである。

＊

だが、ヒステリー患者にはなぜこの無関心という情動が生じるのだろうか？　このような疑問が浮かび上がってくる。ドーラはこの幻想の場面に対し、無関心な態度を一貫して取っている。彼女はこの幻想の中において、行為の主体として関与することなく、ラファエロの絵の前で夢見心地に立ちすくんだように、彼女は「場面」を外から傍観者として眺めている。[24]「ドーラの無関心」な態度を考える上で参考になるのは、フロイトがドーラの治療後、約二〇年経って書いた「子供が叩かれる」というテクストである。この論考は、フロイト後期における人間のセクシュアリティの基本的構成様式を論じたテクストであり、第六章で改めて取り上げることにするが、ここでは「症例ドーラ」のネガとなるテクストとして参照する。この謎めいた論考を「症例ドーラ」と並行して読むことによって、

「ドーラの無関心」な態度の意味はより明確になるだろう。

V　ヒステリーのネガとしての「倒錯」

「子供が叩かれる」という一九一九年の短いテクストは、「性倒錯の発生を巡る知見への寄与」というサブタイトルを持ち、その中ではもっぱら叩かれる幻想を取り扱っているゆえに、『性理論三篇』の第一篇「性的異常」のマゾヒズムについての記述を補完するテクストと考えられてきた[25]。しかし、このテクストは複雑な構成をなし、フロイトのテクスト全体の中で、二つの位置づけが可能である。一つは、この論考の主題を『性理論三篇』から「マゾヒズムの経済論的問題」に至るマゾヒズムの問題群に位置づけることである。そしてもう一つは、この論考を神経症者（ヒステリー患者）に見られる倒錯的幻想の由来とその変遷を取り扱った論考と位置づけることである。前者については、第三部で取り扱うことにして、ここではこの論考を、後者に、つまり、これまで見てきたような「ヒステリーの建築様式」という主題の流れにつながるテクストとして捉えることにしよう。

この論考では、まず「子供が叩かれる」という幻想が、神経症者患者を分析する中で意外と多く見られることにフロイトは着目している。この幻想には性的快感が伴い、それがピークに達すると自慰行為による満足に達することが特徴である。フロイトは女性例に限定し、観察した結果、この幻想が三つの局面を経て変化することを論じている。

最初の局面は、「お父さんが子供を叩く」という幻想である。叩かれている子供は、幻想している本人ではなく、別の子供、たいていは弟妹である。幻想の内容面を読み取るならば、「お父さんは私にとって嫌な子供を叩く」、つまり「お父さんが愛しているのは自分だけだ」ということになる。しかしフロイトは、この最初の局面では、幻想している本人が、叩く側にも叩かれる側にも位置せず、「無関心な」第三者的立場を取っていることに注目している。

最初の局面と次の局面の間で、大きな変換が生じる。叩く人は父親のままだが、叩かれる子供が変わり、幻想している本人になる。この第二の局面を定式化するならば、「私はお父さんに叩かれる」と表現できる。このマゾヒズム的な性格を持った幻想には強い快感が伴っている。フロイトはこの幻想の第二の局面を重視し、次のように書いている。

> 最も重要で、また重大な結果をもたらすのは、この第二の局面である。だがある意味では、これは現実には存在しなかった幻想と言えるだろう。それは想起されたことが一度もない、つまり意識されたことがない。それは分析によって構成されたものである。だが、そうであるからこそ、少なからぬ必然性があるのだ[26]（強調は引用者）。

この決してわかりやすいとは言えない一節をどう理解するかということが、このテクストの読解の鍵になる。

第三の局面では、「誰か（父親代理の人物）が子供たち（概ね男の子）を叩く」という幻想に変わる。

この局面は、第一の局面と同様に、幻想する本人は登場人物として幻想の中に現れることはなく、「私は傍から見ているようです」としか言わない。この局面は強い性的興奮を伴い、強迫的な自慰行為に及ぶことがあるが、幻想する本人は幻想の中で、「傍観者としてその場に居合わせるだけ」であり、その第三者的態度は顕著なものとなっている。

この三つの局面の順番の意味について、フロイトの記述は曖昧さを残しているが、幼児期から現在までという時間的系列に従っていると考えるのが妥当であろう。つまり第一から第三という順が、幻想する本人の生活史の時間と並行した幻想の変化であり、分析治療によって、「事後的に」第二の局面が付け加わる。またこの「叩かれる」という幻想の内容は、エディプス願望の性愛化であり、その願望に対し「罪責感」と「退行」が作用することにより、この幻想で表象されているようなマゾヒズム的形態が生じるとフロイトは論じている。[27] ここからマゾヒズムも神経症もエディプス段階が起点となって起きる病理であるということが、この論考の帰結として引き出されている。

このテクストの読解が難しいのは、神経症患者（ヒステリー患者）の倒錯的幻想からマゾヒズムを論じている点にある。フロイトは神経症の側から、幻想を媒介にして、そのネガとしての倒錯の病理を引き出そうと試みる。第一と第三の局面で、患者が「叩かれるという場面」に対して傍観者的なのは、そこに踏み越えることが困難な抵抗が働くからである。[28] それゆえ、神経症患者の幻想に第二の局面を見いだすことは困難である。フロイトが第二の局面を「実際には存在しなかった幻想」と書いたのは、このような観点から理解できる。つまりこの局面は、分析における構成作業において、「少なからぬ必然性がある」幻想として、事後的に提示できるだけなのである。一方、倒錯者はこの第二の局面に能動的に行為者として関与し、この第二の局面を享楽することができる。(29) フロイトは、第二の局面の幻想を蝶番として、倒錯と神経症者の幻想の違いを示している。(30)

さて、再びドーラに戻るなら、彼女の幻想と、「子供が叩かれる」という幻想との間には、内容面および形式面において、明白な類似があり、倒錯者の幻想とヒステリー患者の（倒錯的）幻想の差異を考える上で、格好の素材となる。「子供が叩かれる」という幻想の内容は、先に述べたようにエディプス願望の性愛化を示している（主体が局面（場面）の外部にいることを考慮すれば、この幻想を原光景という暴力的場面の一ヴァリエーションと考えることができる）(31)。ドーラの幻想においても、その根底には、父親あるいは母の代理としてのK夫人へのエディプス願望の性愛化がある。一方、形式面については、「子供が叩かれる」という幻想の第一、第三の局面における主体の態度と同様に、ドーラは傍観者である。これはつまりドーラがヒステリー患者であり、倒錯者ではないということである。ドーラは【二】の場面に快を感じている一方、彼女はこの場面を不快とも感じている（情動反転）。一方、倒錯者はこの場面に対し、嫌悪を感じないゆえに、情動反転は生じない。倒錯者はこの場面に能動的に関わり、快を得るのである。ドーラは【二】の場面に魅了されている。しかし彼女がそこに主体的（能動的）に関わるなら、嫌悪を覚えるだけであろう。それゆえそのさい、ドーラ（ヒステリー患者）が取る方法とは、その場面に自分が全く関与しないという前提のもとで、その場面を楽しむことである。(32) そしてまさに、ヒステリー患者のこのような戦略こそが、無関心という情動を引き起こしているのである。

＊

ところで、フロイトはドーラの治療を失敗と見なしている。それは彼が、この治療で転移が抵抗として働いていたことが見抜けなかったからだと述べている（この「失敗」から、現代の転移解釈を中心とした治療技法が生まれている）。とはいえ、この治療の二年後、ドーラは治療中の夢に出てきたエンジニアの男性と結婚し、その翌年長男を出産している（この長男は後にオペラ演出家としてニューヨークで成功を収める）。そして、その約二〇年後に、彼女は月経困難や慢性の便秘、メニエール病の症状のために、分析的訓練を受けた内科医であるフェーリクス・ドイッチュのもとを訪れている。そのさい彼女は、夫や子供が自分の悩みに無関心であることをひどく嘆いていたとドイッチュは書いている[33]。その夫が死亡した後は、ドーラは当時ウィーンで流行していたトランプゲームの先生をしてかなりの収入を得ていた。そのさい彼女と一緒に仕事をしていたのは、K夫人であった。フロイトは「症例ドーラ」の最後で「ドーラがこの家族（K夫妻一家）と関わりを持つことはもう二度となかった」と書いているが、実際はその後もK夫人とは長く交際を続けていたことがその後の調査でわかっている[34]。そしてヒトラーが政権を握った後に、彼女はニューヨークに渡り、一九四五年に結腸癌で死亡している。

ドーラは治療の後も、常に病気がちだったと言われているが、フロイトの治療に対して好意的な目で見るならば、日常生活もままならなかった不幸な状況にあった少女を、「ありきたりの不幸」な人生へと変えた分析治療にはそれなりの意味があったと言えるだろう。しかしドーラの治療には、何かが、決定的に欠けていたことも確かなのである。この点について、私たちはこれまで述べてきた「ヒステリーの建築様式」という観点から、現在の具体例に即して、考えてみようと思う。

Ⅵ もう一つの部屋

患者は二〇代後半の会社勤務の女性である。会社員の父と専業主婦の母親の間に、長女として育てられる。下に年の離れた弟がいる。父親は家庭では威厳がなかったが、患者に対しては優しく、彼女は父親のことをまるで「兄のように」慕っていた。母親は強い学歴コンプレクスを持っていて、娘の教育に厳しかった。患者の成績が悪かったときなど厳しく叱り、暴力を振るうこともあった。彼女はこのような母親から独立できないのではないか、仮に独立できたとしても、母親のもとに再び引き戻されるのではないかという不安を抱いていた。

彼女はその不安を振り払うように、遠隔地の大学に進んだ。しかし、母親からは毎日のように電話がかかってきて、「常に監視されている」ようだったという。大学卒業後は、大手企業に就職し、二年後、公務員の男性と結婚する。彼女は生涯、母親に拘束され、結婚はできないのではないかと考えていたが、このタイプの男性なら母親が結婚を認めてくれるだろうと思って相手を選んでいる。そのときに彼女は漠然とした不安を感じると同時に、やっと母から自由になれたような解放感を覚えている。

彼女が分析治療を求めて私のところに来たのは、結婚して二年目のときである。彼女は私に二つの悩みがあると話した。一つは、彼女がいつも束縛しあう異性関係を選んでしまうということだった。彼女は夫といても空しいと感じることが多く、仕事関係で知り合った複数の男性と性関係を持つようになっていた。これらの男性はいずれも彼女に対し、威圧的に振る舞うことが多く、彼女が相手の言うことに従わないと罵倒することもあった。このような関係は彼女にとっては苦痛だったが、彼女はこれらの男性と交際していることが生きる支えにもなっていると感じていた。しかし彼女は、こういう関係を続けていると、いつか自分が「壊れてしまう」とも思っていた。もう一つは、彼女は中学時代から時々「身体が思いどおり動かなくなる」ことがあり、そのさいにひどく悲観的になり、希死念慮を覚えることだった。その状態は現在も続いていた。

分析を始めると、彼女は大量に心の中に溜まっていたものを、吐き出すかのように、多くの過去のエピソードを話した。彼女の幼少期から現在に至る記憶は細部まで明瞭だったが、幾つかの事柄に関しては記憶が完全に欠落していた。あるセッションで、彼女は中学時代から繰り返し見る夢の話をした。その夢で、彼女は両親の隣の部屋で裸で寝ていた。彼女は外に出ることができず、自分の部屋で寝ているしかない。また裸なので、母だけは自分の部屋に入ることができるが、他の人との関係は閉ざされている。この夢は彼女の内的世界をよく示した夢だった。

その数カ月後のあるセッションでは、オフィスの下の階から、男女のカップルが、踊り場で立ち止まって、華やいだ声で話す音が、聞こえてきたことがあった。彼女はしばらくその音に耳を澄ました後に、自分が中学のときから耳栓をして寝る習慣があること、また耳掻きが好きで、耳掻きをしながら自慰行為を行うこともあると話した（患者の耳が一度、はっきりと見えたことがあったが、痛々しいほど赤く腫れていた）。耳栓をする理由を、彼女に尋ねてみると、中学時代から夜中に両親の部屋の声がうるさくて、眠れなかったと彼女は話した。彼女はそこで何をしているのか、最初はわからなかったが、友人に聞いて、その音の意味がわかったと言う。そのとき彼女は強い嫌悪感を覚えると同時に、それを見たくて（聞きたくて）仕方がなく、ベッドの中でずっと耳を澄ましていたために、朝起きられずに、学校を休むこともあった。

その後、半年間、彼女は多くのエピソードを話したが、それらの話は大半がこのとき話された幻想へと集約されるものであった。前述した私たちの議論に従うなら、この患者の「身体側の同調」は耳という器官を巡って起きており、彼女の「建築様式」の土台となっている幻想はいわゆる原光景幻想であった。両親の性行為を、壁一枚を介して患者は聞いていて、その「場面」から離れることができないために、彼女は隣の部屋で無力に横たわっているしかなかった。彼女が男性との関係（それらの男性について詳細を聞くと、明らかに父の代理であった）を求めるのも、この暴力的な「場面」に関与したいという彼女の無意識的動機に基づいていて、結局相手が彼女の執拗さを疎ましく感じ、彼女から離れていった（彼女はそのことを「場面」から排除されたと感じていた）。私はセッションでは、このような内容の解釈を行ったが、彼女は時々、違うということはあるものの、おおむね同意した。

その後も、この分析はスムーズに進んでいった。しかし一年ほど経った頃、彼女はもうずいぶんよくなったので、分析をやめたいと言うようになった。確かに彼女の症状はなくなっていた。しかし私は彼女との分析作業が十分になされた感じが持てなかったために、分析を続けることを提案した。彼女は一応同意したが、様々な理由をつけて、セッションを休むようになった。あるセッションの最後で、彼女はこの部屋が今日は少し暗く感じると言った。そして翌日、分析を休んだ。その次のセッションのさいに、彼女は今日は部屋の照明が明るく感じると言った。そのさいに私は、この部屋が両親の部屋のように思えて汚らわしく思えたのではないかと伝えてみた。彼女は一瞬、頷いたが、その後すぐに、「それは違います、この場所が両親の隣で寝ている自分を思い起こさせたのです」と言い直した。

この分析は、ここから紆余曲折を経ることになる。まず患者は母親に対して激しい怒りを感じるようになった。そして分析中の私との僅かな言葉のやり取りの食い違いに対し、腹を立てることがあった。彼女は私に「束縛されている」と感じていた。だが、その点を解釈しても、彼女は「そのようなことを感じたことはない」と強く否定した。またあるときは、不安げに、ひどく沈んだ声を出すことがあった。三年目の分析のある時期のセッションは、長い沈黙で埋め尽くされていた。一方、私の方も、オフィスの空間で彼女と二人でいることに、居心地の悪さを感じるようになっていた。この期間は、実質は半年くらいであったが、私にはもっと長い時間のように感じられた。しかし、狭い道を潜り抜けて急に道が開けるかのように、ある時から私たちの関係は寛げるものに変わっていった。

その頃彼女は、最近見た夢の話をした。彼女は私との分析の間、繰り返し、両親と過ごした家の夢を見ていた。しかし、その頃から、患者は私と分析を行っている部屋が頻繁に夢に出るようになっていた。彼女はその前日も「箱」の中にいる夢を見ていた。しかしその「箱」は、外装は実家のようだったが、内部は分析の場所だった。彼女は夢の中で、その「箱」が実家の部屋ではないことを寂しく感じていた。しかし、夢から覚めると、実家ではなく、その「箱」の中にいる方が、生きている実感を得ることができると思った、と話した。さらにその数カ月後には、夢の中に出てくる「箱」は分析の場所でもない、「どこでもないような場所」へと変わっていた。そして、そういう場所の方が自分らしくいられるのだと、彼女は言った。その後、彼女は分析の最初の頃、自分がここに来るたびに言葉が溢れるように出てきて、何かから逃げるように話していましたね、と過ぎ去った時間のことを懐かしむように話した。実生活では、彼女は小さい頃からの夢だったという童話を書き始め、朗読会も行っていた。その仕事はとても充実感があると彼女は言った。……この分析は、その半年後に終結している。

＊

フロイトは、「症例ドーラ」の二つの夢の分析で出てきた「部屋」（あるいは宝石箱、駅など部屋の代替物）について、「夢の中の「部屋」（Zimmer）がきわめて頻繁に「女」（Frauenzimmer、Frauen（女性）+Zimmer（部屋）、ドイツ語では女性をやや軽蔑的に、このように言う）を表そうとしている。「女」が「開いている」か、「鍵がかかっている」かということは、もちろん些細な問題ではない。またこうした場合、その部屋を開けるのが、どのような「鍵」であるかは言うまでもない[35]」と書いている。私たちの症例の記述は、分析で起きたことの限定された一側面を取り上げたものである。だがこの記述においてすら、分析の後半の夢で出てきた「部屋」が、ドーラの夢で出てきた「部屋」とは性質が異なっていることは容易にわかるであろう[36]。それは何よりも分析の場所であったが、患者の中に生まれた心的空間の象徴でもあった。

このような「部屋」について、最も鋭い見解を述べているのは、クライン派の分析家のロナルド・ブリトンである。彼は、両親の原光景幻想から排除されている患者が、治療過程の中で、「もう一つの部屋」を作ることによって、患者が新たな自己を形成するようになることを治療の重要な課題と考えている[37]。「ヒステリーの建築様式」という私たちの議論にこの視点を導入するなら、私たちの症例の治療過程を次のように要約することができるだろう。患者は分析を始める前までは、原光景幻想を土台とした自己の構造を持っていた。言い換えれば、彼女の内的世界は、崇高と同時に不安を引き起こす両親の部屋と結びついた形でしか形成されていなかったのである。分析作業によって、彼女は原光景を土台とはしない「もう一つの部屋」を構築する。そしてこの「もう一つの部屋」という最初「異物」であった心的空間は、「彼女という建築物」の構造を大きく変えていくのである。そして終結時にはもはや両親の部屋は、彼女に情動反転を引き起こす部屋ではなく、一つのありふれた場所に過ぎないものになっている。ドーラの治療において決定的に欠けていたものは、まさにこの「もう一つの部屋」に他ならない。

こう考えるならば、ヒステリーの治療において重要なことは、いわゆる「抑圧を解除すること」ではなく、ヒステリー患者が情動反転を引き起こす幻想に対し、それを相対化する心的空間を患者の内部に形成し、その心的空間の働きによって、ヒステリーの建築様式が変わっていくのを促すことである。この心的空間ができると、もはやヒステリー者は崇高さに結びついた幻想から距離を取って生きることができる。だが、この心的作業が十分になされないなら、ヒステリー患者は見せかけだけの崇高な世界に生き続けるだろう。当時のウィーンの上流階級の流行であったトランプゲームの仕事を、他ならぬK夫人と一緒にしていたというドーラの後半生の生活様式はまさにそのようなものであった。しかし、その心的作業が十分になされたなら、ヒステリー患者はもはやそのような幻想に囚われて生きるのではなく、患者自身の心的空間の力によって、新たに生き始める。そしてその姿は、私たちには、しばしば崇高にさえ映るのである。

第二章　心的両性性と肛門欲動論

心的両性性の理論がいまだにきわめて曖昧模糊としており、欲動論との繋がりを見いだせていないことは、精神分析にとって、重大な支障と感じざるを得ない。

――『文化の中の居心地の悪さ』（一九三〇年）

「症例ドーラ」を一九〇五年に上梓したフロイトは、一九〇七年に「鼠男」の分析治療を行い、その経験に基づいて、強迫神経症の理論を洗練させていく。フロイトのヒステリーへの関心は、ドーラ論でほぼ終わっているのに対し、強迫神経症への関心は、きわめて初期（一八九五年頃）から、『制止、症状、不安』（一九二六年）で暫定的結論を得るまで、三〇年以上に渡っている。フロイトはヒステリーの治療経験を通じて、その病因から抑圧のメカニズムに至るまで本質的な点をほぼ解明している。しかし強迫神経症については、最終的に「不明な点が多く」、「不確実な仮説や証明できない推論で終わっている」と告白している[1]。精神分析理論の展開にとって、「最も興味深く、最も実り豊かな疾患」と彼が呼んだ強迫神経症の治療経験は、フロイトの理論体系に根本的に変更を迫ることになり、フロイトは自らの理論の大幅な拡張を行っている。この理論的拡張の中でも重要なのは、肛門欲動論の臨床への本格的な導入であり、この構想がこれまでのフロイトの理論に加わることによって、精神分析理論の根底には欲動論が据えられ、学としての変貌を遂げることになる。

第一章で、私たちは情動反転というヒステリー固有の現象を解明することによって、ヒステリーという疾患の背景に倒錯の主題が横たわっていることを論じたが、本章では一九〇〇年代にフロイトがヒステリー症例に引き続いて取り組んだ二つの強迫神経症例を俎上に載せ、その理論化の過程においても、倒錯の主題が絡まり合っていることを明らかにしようと思う。とはいえ、ヒステリーと強迫神経症とでは、両者の背景にある倒錯のテーマは異なっている。前もって簡潔に述べるなら、フロイトの構想において、前者は主として抑圧から否認、そしてフェティシズムへ、というテーマに、後者は欲動の能動性と受動性からサディズム、マゾヒズムへ、というテーマと結びついて、理論形成がなされている。そして、一九〇〇年代半ば以降のフロイト理論では、前者の主題が背景に退き、後者が前景化するのである。本章では、まず初期フロイトにとって重要であった両性性の問題を再考することによって、ヒステリーと倒錯との関係を前章とは違った角度から検討する。そして、一九〇〇年代のフロイトの強迫神経症論が引き起こした精神分析理論の変貌を捉え直すことにしよう。

I　心的両性性とは何か

ヴィルヘルム・フリースが、フロイトに両性性の構想を打ち明けたのは、一八九七年の復活祭に二人がニュルンベルグで再会した時というのが通説になっているが、実際のところ、その前年あたりから、フリース宛てのフロイトの書簡には、両性性の主題がしばしば出てきている。一八九六年一二月六日には、彼は「倒錯か神経症かということの決定の問題を、僕はすべての人間の両性性によって解決する」と書いている。さらにその五年後、『夢解釈』を出版した次の年には、「僕の次の仕事は人間の両性性というタイトルになるでしょう。そこで僕は、この問題の根源を摑み、その究極の理論を引き出すでしょう」(2)（強調は引用者）とフリースに告白している。両性性は、フロイトの思索の初期のみならず、最後期に至るまで、きわめて重要な意味を持った主題であったが、一方で、両性性についての彼の考えには、大きな揺らぎがあり、結局のところ彼はそれを整合的な理論（究極の理論）として、提示できていない。

フリースは、人間は誰しも両性性的な素質を備えていると考えた。このような発想は、正常に発育した男性ないし女性でも、必ずそれぞれの反対の性の性器の痕跡が見いだせるという点にその根拠がある。そして、各個人の性は、その人における男性的性格と女性的性格のどちらが強いかによって決定される。この観点から、フリースはフロイトの抑圧仮説を、その個人に優勢な方の性が、劣勢な性を無意識へと抑圧すると解釈した。つまりフリースにとって、性別の対立こそが、抑圧の原動力であり、無意識的に抑圧されたものは、男性の場合には女性的な要素であり、女性の場合は男性的な要素である。このようなフリースの考えは生物学的なものだが、フロイトはそれを心的両性性として捉え直し、自らの理論形成の中にほぼ全面的に取り入れた。しかしこの両性性という概念が持つ曖昧さと

混乱は、その後も彼を悩ませることになる。(3)

私たちはまず、この両性性という構想が、フロイトの理論形成に与えた影響を見ておこう。一つは、倒錯論の文脈において、つまり『性理論三篇』（一九〇五年）の第一篇「性的異常」で挙げた性対象倒錯を説明する素因としてフロイトは両性性という考えを導入している。人間が両性的な存在であるなら、その性対象は必ずしも、自分と反対の性である必要はない。フロイトは個人の性別とその性対象との繋がりを両性性という観点から捉え直すことによって、同性愛をはじめとする性対象倒錯を、「正常」の延長線上にあるものとして把握する。もう一つは、両性性という素因が神経症者の対象選択において、決定的な役割を果たすという点である。この点については『性理論三篇』の一九一五年の追加で、フロイトは、無意識的な対象選択は、同性にも異性にも向かい、対象の性別には左右されないと述べている。ここでフロイトが想定していたのは、とりわけヒステリー患者が示す対象選択のあり方である。前章で論じたように、ドーラの性対象選択は、両親、K氏、K夫人と状況に応じて様々に変転していて、性別に固定されたものではない。後にフロイトはヒステリー患者の症状が、男性的であり、女性的でもあるという両性的な性的幻想の表現であることも論じている。(4) このように両性性という概念は、まずは倒錯現象を解明するものとして、そしてヒステリー患者の対象選択を理解するための重要な概念として、フロイトの臨床的思考に大きな影響を与えている。

しかし、フロイトの両性性の理論は、ある時期からフリースの理論から離れ、独自のものとして形成されていく。その分岐点となる論考として、「幼児の性理論」（一九〇八年）を挙げることができる。

この中で、フロイトは、主として症例ハンスの治療から得た経験から、彼独自の両性性の理論を新たに提示している。この論考は、「どこか別の惑星から、人間という存在を見た場合、もっとも注目を惹くのは、おそらく人間に二つの性があることではないか」（強調は引用者）というSF的な発想から議論が始められる。そこからフロイトは、子供が性差をどのように心理的に認識するかという問題に論点を変換する。(5) 男の子は自分の身体を見て知っているペニスが、女性を含めたすべての人間にあると考えるが、母や妹の性器を見たときに、この「信念」は変更を余儀なくされる。しかし「信念」は知覚を捻じ曲げるほどに強く、最初は女の子にも性器はいずれ生えてくるものだと想像することで納得するが、やがては、女性はペニスを切り取られた存在だという新たな「信念」を持つようになる。このような心理的な性差の認識を、フロイトはこの一九〇八年の論考において、去勢コンプレクスという概念を用いて初めて記述している。一方、エディプスコンプレクスという概念が最初に導入されたのは一九一〇年であり、概念形成の過程において、去勢コンプレクスはエディプスコンプレクスに先立っている。

去勢コンプレクスを中心としたこのような性差の理論は、フリースの理論から出発し、それから完全に独立したフロイト独自の両性性理論である。フリースの両性性理論で、性差を決定するのは、男性器、女性器である。フリースにおいて、それは解剖学的、生物学的差異であり、両者は対称的で、相補的な関係にある。一方、フロイトの両性性理論においては、人間には、男性と去勢された男性がいるのであり、性差を決定するのは、ペニスがあるかないかという違いである。フロイトの心的性差についての考えは、基本的に非対称的であり、ペニス（ファルス）[6]の一元論である。

ただここで注意しなくてはならないのは、フリースの考えが生物学的事実に基づいた「科学的」仮説を述べているのに対し、フロイトの両性性の理論は、リビードの発達段階における男根期における幻想であり、この幻想を基にして男性、女性という性的差異が構成されているという点である。周知のように、一九一〇年代から二〇年代初めにかけて、フロイトは、子供のリビードの発達段階を、口唇期、肛門期、男根期、性器期と段階を経て、前性器的編成から性器的編成へと移行していくという構想を練り上げたが、[7]去勢コンプレクスは、この中の男根期においてのみ生じる幻想である。去勢コンプレクスはこのような限定された段階における幻想に過ぎないが、この幻想がエディプスコンプレクスの過程に介入することにより、個人の心的性差の形成や欲望の方向づけに決定的な影響を与える。[8]では、エディプスコンプレクスにおける性差はどのように構成されるのだろうか、ここではフロイトが『自我とエス』（一九二三年）で示した素描から、捉え直してみる。

エディプスコンプレクスは、一般に考えられているような異性の親に対する愛情と、同性の親に対する憎しみといった単相（表）[9]の形式を示すものではなく、この状況に子供の両性性の素因が介入することによって、多様で複雑な形式の運命をたどる。その展開の鍵を握っているのが、去勢コンプレクスである。子供は去勢の威嚇に出会ったときに、エディプスコンプレクスは衰退し、そのさい、子供は母親との同一化か父親への同一化のいっそうの強化のどちらかを選ばざるを得なくなる（対象選択から同一化へという機制）。一般に「正常」と考えられているのは、男児の場合は後者の帰結であり、それによって男の子の性格のなかに男性性が強まる。これとまったく同じようにして、女児の場合は、母への同一化という方向を選び、女性性が確固としたものになる。しかし臨床経験の中で、この帰結が逆になるケースをフロイトは数多く観察することになる。例えば、男の子が、父親に対して両価的態度を取り、母親に情愛的対象選択を向けるだけでなく、父親に対して情愛的な女性的態度を示すこともあれば、母親に対し、女性としての嫉妬に満ちた敵対的態度を見せる場合も多く見られる。これをフロイトは裏エディプスコンプレクスと呼ぶ。この場合のエディプスコンプレクスの衰退の帰結は、表エディプスコンプレクスのさいよりも複雑なものとなる。結局のところ、エディプスコンプレクスの帰結が父親（男性）への同一化で終わるか、母親（女性）への同一化で終わるかということは、男女どちらにおいても、その人の両性性の男女の割合のどちらがより相対的に強いかということによって決まるのではないか、とフロイトはこの一連の議論を締めくくっている。そしてエディプスコンプレクスという過程は、男の子であれ、女の子であれ、それぞれの個人の両性性が示す総計四つの性的追求であるというのが、フロイトがこの論考で引きだした、両性性についての暫定的な結論である。[10]

ところで、フロイトはエディプスコンプレクスの運命を論じた翌年に、去勢の脅威を引き受けることが困難な人は去勢という事実にどう対処するのだろうかという問題に関心を持つようになる。「幼児期の性器的編成」（一九二四年）では、「ペニスの欠如」という観察事実を否認（Verleugnung）するという防衛手段に初めて言及している。さらに「解剖学的な性差の若干の心的帰結」（一九二五年）では、この否認という防衛過程をより詳細に記述している。「（否認という過程は、）子供の心的生活にとっては稀でも、さほど危険でもないが、大人においては精神病を引き起こしかねないものである。女の子は自分が去勢されているという事実を拒み、ペニスを持っているという確信が強まり、その後、あたかも男性であるかのように振る舞うことがある」[11]（強調は引用者）。フロイトがここで精神病について言及しているのは、このほぼ同じ時期に、神経症と精神病において現実の認識がどのように違うかという問題を検討していたからである（「神経症と精神病における現実の喪失」一九二五年）。内界と外界の間に葛藤が生じた場合、神経症においては、自我は内界（エス）を抑圧するのに対し、精神病においては、外界から撤退し、現実を別の代替物で置き換えようとする。このような精神病における「現実の喪失」という事態を、この論考ではフロイトは否認という機制で捉えている。

しかしそのわずか二年後に、フロイトは否認を、フェティシストが去勢という事実に対して取る態度と結びつけている（「フェティシズム」一九二七年）。フェティシストは、フェティッシュとなる対象を用いて、去勢の知覚の事実を知りつつも、それを認めまいとする。去勢の現実に対するこのような分裂した態度を、フロイトは否認という機制の名のもとに再定義している。『性理論三篇』において、フェティシズムという倒錯は、性目標倒錯の中でも、マージナルな一形態に過ぎなかった。しかし、去勢コンプレクスの問題系が理論体系の前景に突出することによって、フェティシズムは一挙にフロイト理論の中心的位置を占めることになる。フェティッシュはペニスの代替物であり、性差を否認する印でもある。また性差の否認は、世代形成の拒否の表現でもある。このようにフェティシズムは、ヒステリーの背景にある倒錯の系列に繋がるものである。私たちが前章から引き続き見てきたのは、ヒステリー―両性性―去勢コンプレクス―フェティシズムという連接をなす、ファルスを中心とした倒錯論の系譜である。この点を明らかにしたうえで、私たちは強迫神経症の病理についての考察に入ることにしよう。

Ⅱ 「症例鼠男」と肛門性愛

最初に述べたように、フロイトの強迫神経症に対する関心はきわめて初期に始まっている。すでに「防衛―神経精神症」（一八九四年）において、彼は強迫神経症の病理を、心的領域に留まる表象の病理であり、その防衛機制を「情動と表象の分離と、それにともなう表象間の誤った結合」にあると先駆的な見解を示している。そして、その誘因に関しては、二年後の「防衛―神経精神症再論」において、ヒステリーが性的な受動的体験に起因するのに対し、強迫神経症はヒステリー性の素地の上に、能動的体験が加わることによって生じると推定し、強迫神経症の主症状である強迫的表象は「変化を被って、抑圧から再び回帰した非難で、快を伴って行われた子供時代の性的な行為に常に関係している」と論じている。[12] このような誘因に関する議論の土台となっているのは性的誘惑説であり、ヒステリーの「受動」、強迫神経症の「能動」という考えは、誘惑に対する患者の態度を意味している。しかし、この翌年に性的誘惑説をフロイトが完全に放棄することにより、強迫神経症に関する研究は長い中断を余儀なくされる。このような状況にあったフロイトを再び、強迫神経症の解明へと向かわせたのが、一九〇七年一〇月から約九カ月半に渡って行われた「鼠男」との分析治療であった。

「鼠男」は、当時としては、きわめて稀な症状を持った強迫神経症の症例である。「鼠男」の診断や治療については、すでに多くの論者が異議を唱えている。[13] しかしフロイトがこの特殊例から強迫神経症の普遍的構造を取りだす方法は鮮やかであり、さらにその作業の中で、自らの理論を拡張していく構想力には目を見張るものがある。「鼠男」の分析以前には、フロイトの理論には、「肛門性」という概念の具体的位置づけはともかく、憎しみや攻撃性についての考察さえなかったことを考えてみれば、「鼠男」が精神分析理論に及ぼした影響の大きさがよくわかる。私たちは、これまでの議論の流れの中で、「鼠男」との治療が、フロイトにどのような理論の変更をもたらしたのかということをここで捉え直してみようと思う。まず、その前に、フロイト自身が、「膨大でひどく扱いづらい」（ユング宛ての手紙）と嘆いたこの症例の概要を、私たちの議論に必要な点だけ、簡潔に取りだしておこう。

エルンスト・ランツァー（「鼠男」）は、幼少期から強迫観念に悩まされていたが、大学を出て兵役中に、奇妙な強迫観念に苦しむことになる。その原因となったのは、彼が兵役訓練を受けていたときに、鼻眼鏡をなくすというエピソードから始まっている。彼はすぐに、ウィーンの眼鏡商に代わりのものを送ってくれるように電報を打つ。そして、眼鏡が届くまでの待ち時間に、偶然、彼は残酷な話が好きな大尉の隣の席に座り、中国で行われているという肛門刑（受刑者のお尻に、二日間絶食させた数匹の鼠を入れた鉢を当て、受刑者の肛門や直腸の中まで鼠に食いちぎらせるという刑）の話を聞く。[14] その次の夜、彼が頼んだ眼鏡が届き、それをその大尉から受け取るが、大尉は手渡しするさいに次のように言う。「A中尉が着払いのお金を立て替えてくれたので、君はそのお金を彼に返さなくてはいけない」。

その時、彼の頭の中には「お金を返すな、さもないとあれ（父と恋人のギゼラに肛門刑が処される）が起こるぞ」という考えが生じる。彼はその後、A中尉にお金を払う努力をするが、そのたびにこの強迫観念が彼の邪魔をしたために、なかなか支払うことができない。そしてやっとA中尉に会ったときに、当のA中尉自身から、眼鏡の代金を払ったのは、B中尉であったことを知らされる。このとき、彼はA中尉にお金を返さなくてはいけないという大尉の命令を実行できないことにひどく困惑した挙句、フロイトのもとを訪ねる決心をするのである。

この症例報告は、フロイトが「芸術作品」とも呼ぶ、「鼠男」の複雑極まりない症状の意味を解読することを基軸にして、次のように要約することができる。[15]「鼠男」の「鼠」（Ratten）という語の連想から、フロイトはその語が、次の三つの言葉 Spielratte（賭け事好きの父）、Raten（分割払い）、Heiraten（結婚すること）と結びついていることを読み取っている。Spielratte はドイツ語の口語でギャンブラーを意味するが、これは彼の父を指している。彼の父は、軍務に就いていたときに、軍のお金をカードゲームに使いこんでしまい、危うく処分されそうになるが、そのときに親切な友人がお金を立て替えてくれる。その後、父は裕福になって、そのお金を友人に返そうとするが、もはやその友人がどこにいるか見つけることができない。父は結局、この「負債」を一生返すことができなくなってしまっていたのである。つまり鼠（Ratten）と Spielratte という語との繋がりは、彼の父への同一化を示している。さらに Raten（分割払い）とは、彼の負債（眼鏡の代金）および、父の未払いの負債を意味していることをフロイトは明らかにする。そして Heiraten（結婚すること）は、彼の父および彼の結婚を巡る迷いを示していることが判明する。彼の父親は、結婚のさい、裕福な女性と貧しい女性の間のどちらを選ぶかと悩み、結局、裕福な女性、つまり「鼠男」の母親と結婚したのだった。「鼠男」もまさにそのとき父と同様、裕福な女性と貧しい女性との間のどちらを選ぶかという葛藤に苦しめられていた。鼠（Ratten）という語は、このようにランツァーの生活史の重要な結節点をなすエピソードと結びつき、彼の症状を形成していることが、分析治療で明らかになっていく[16]。しかしフロイトは「鼠男」の分析において、これまで彼が形成してきた理論の延長線上で、治療を進めていったのではない。彼は「鼠男」の分析治療を行いながら、同時に自らの理論に大胆な変更を加えている。では、その理論の変更および展開がどのようなものであったのか、その内実を考えてみたいと思う。

「症例鼠男」では、フロイトの肛門性愛に対する強い関心が示されている。フロイトはこの症例に出会う前の『性理論三篇』において、生殖器に準ずる副次的器官としての肛門に注目し、肛門を部分欲動が関係する器官であることを認めている。しかし、そこで論じられているのは、性目標倒錯で用いられる器官、あるいは欲動の身体上の源泉となる器官としての肛門についてである。肛門性愛が、強迫神経症と密接な関係を持つ部分欲動として具体的に論じられたのは、「症例鼠男」が最初である。つまり、肛門性と強迫神経症は、あくまでこの一症例を通じて、蓋然的なものとしてその内的な関連性が発見され[17]、その後確固とした一つの理論として展開されたのである。

フロイトがこの症例を通してたどりついた構想として重要なものは、私たちの観点から見るなら、次の二点である。一つは、本論の冒頭にも述べたが、肛門欲動論の臨床への導入である。この症例では、肛門性愛という部分欲動が、強迫神経症という疾患と内的関連を持つものとして論じられている。先に述べたように、フロイトは、ヒステリー患者の受動性に対し、強迫神経症者の能動性を強調したが、このような能動性への注目は、この症例分析においては（父に対する）憎しみ、攻撃性という能動性として捉え直され[18]、この能動性と肛門性愛が結びつくことによって強迫表象（肛門刑という表象）という症状が形成されると、説明している。さらにこの後、肛門性愛についての議論は、主に三つの方向へと展開していく。一つは几帳面、倹約、強情さなどの性格特徴（肛門性格）として展開され（「性格と肛門性愛」一九〇八年）、もう一つはリビード発達論の構想の発端となる「肛門期」という段階の想定であり（「強迫神経症の素因」一九一三年）、最後に、肛門性愛で問題となる欲動の対象が、無意識において、糞便＝お金＝子供などが象徴的等価性を持つことなどが（「欲動変転、特に肛門性愛の欲動変転について」一九一七年）論じられることになる。このように部分欲動としての肛門性愛の導入は、フロイトの理論を、発達論、性格論（パーソナリティ論）、さらには無意識的な象徴の理論にまで拡張させている。

もう一つ重要な点は、精神分析理論へのサディズム概念の導入である。フロイトは『性理論三篇』で、最も頻度が高い性目標倒錯として、フォン・クラフト＝エービングが命名したサディズム、マゾヒズムを取り上げている。フロイトは、両者の持つ能動と受動という対立に注目しているが、そこではこの二つの倒錯形態はあくまで性目標倒錯の一つの類型としての位置づけしか持っていない。サディズムという用語が、新たにフロイトのテクストに出現するのは、「症例鼠男」においてである。フロイトは、「鼠男」が父親に示す愛情や過度の罪責感に、反動形成によって抑圧されたサディズムがあるのを読み取っていた。さらには「鼠男」の（行為の準備段階としての）思考強迫の中に、欲動のサディズム成分があることも論じている。「症例鼠男」では、これ以上の詳細な記述はないが、「鼠男」の分析経験の理論的総括とも言える「強迫神経症の素因」では、肛門性愛的欲動とサディズム的欲動[19]が支配する前性器的編成という一つの段階が想定されることになる。そして、フロイトは、強迫神経症の病理を前性器的編成（肛門サディズム期）への退行[20]と結論づけるのである。フロイトがヒステリーを論じる際に、そこに性器的編成の前段階への退行という観点はない[21]。一方、強迫神経症において本質的なことは、この肛門サディズム期への退行であり、この退行によって生じる攻撃性が強迫神経症の諸症状を生み出すとフロイトは論じている[22]。

このように「鼠男」という強迫神経症者の肛門性愛は、一貫して能動性と受動性という対立項の、能動性との関係において論じられている。しかしフロイトが、「強迫神経症の素因」で、「肛門性愛の受動的な流れ[23]」を指摘しているように、肛門性愛には能動、受動の両方の側面がある。もう一方の「受動的な流れ」は、フロイトが「鼠男」の三年後に出会ったもう一人の「強迫神経症者」との分析治療において前景に出ることになる。

Ⅲ 「症例狼男」とマゾヒズム

フロイトが一九一〇年から約四年半、治療を行った「狼男」（セルゲイ・パンケイエフ）には、躁うつ病、妄想性精神病、境界例、強迫神経症の残遺状態など、様々な診断がつけられているが、フロイトがこの症例分析の記述で主眼に置いたのは、症例の全体像を捉えることではなく、患者の幼児期神経症を、成人になった現在の時点から捉え直すということであった。フロイトは「狼男」の幼年期を、姉からの誘惑、および原光景を目撃した第一期、不安夢を見て性格変化を起こした第二期、動物に対する恐怖症を感じた第三期、そして第四期の九歳過ぎに至るまでの強迫神経症の時代に分けているが、ここで取り上げるのは、「狼男」の強迫神経症時代、つまり第二期と第四期のフロイトの記述と考察である。(24) フロイトが「症例鼠男」で行った考察は、主として肛門性愛の能動的な面であったが、「症例狼男」では、その受動的な面が、詳細かつ緻密に論じられることになる。

「症例狼男」の、中心となっているエピソードは、患者が四歳のときに見た、胡桃の木に登った六、七匹の狼たちの夢である。フロイトはこの夢から、狼男が一歳半のときに、両親の後背位性交を目撃した経験を再構成する（この構成が、分析理論の中で最もきわどい（heikelst）ものであることをフロイトも認めている）。後背位からの性交は、「狼男」が父の性器も母の性器も見ることを可能にし、彼に去勢不安と肛門領域の興奮をもたらした、とフロイトは想定する。第二期では、去勢不安から肛門サディズムへの退行が起き、第三期では父に対する恐怖が動物への不安と置換される。そして第四期は、聖書の影響下での去勢不安の克服の時期だが、「狼男」はキリストに同一化し、父親（神）を冒瀆しつつも、その反動形成として宗教的な強迫的儀式を繰り返すようになる。

強迫神経症のメカニズムを、肛門サディズムへの退行と考えるのは、「鼠男」の分析でも「狼男」

の分析でも同じである。しかし、フロイトが「鼠男」においては、もっぱら肛門性愛の能動性に焦点を当てているのに対し、「狼男」ではその受動性な側面を強調している。このような違いは、「狼男」と「鼠男」の病理が異なっていることに加え、「狼男」の分析治療の方が、人格のより深い層まで達していることが関係している。フロイトは初期の「防衛−神経精神症再論」から『制止、症状、不安』に至るまで、強迫神経症の最下層においては、きわめて早期に形成されたヒステリー的な素地があると繰り返し述べている。そして「狼男」においては、分析は早期のヒステリー的素地にまで到達していて、[25] その地点で「狼男」の男性性、女性性の問題（両性性の問題系）が問いとして浮かび上がっているのである。「狼男」においては、強い去勢不安のために、女性性が優位になっている症例だが、フロイトは、この症例からどのように肛門性愛の受動的側面を引き出しているか、簡単に見ておこう。

「狼男」の分析で中心となる主題は、原光景の幻想であり、「狼男」は、その場面における父と母それぞれに同一化している。[26] 父への同一化は、乳母がしゃがんでお尻を突きだし、床の掃除をしているときに、「狼男」は興奮して床に放尿したというエピソードに読み取れる。乳母は原光景における母の代理であり、「狼男」は父に同一化して、放尿したのである。しかし「狼男」において顕著なのは母への同一化である。フロイトの説明によれば、原光景の場面で、「狼男」は母の立場に身を置くことは恐怖であったが、母が父とこのような関係を結んでいることには妬みを感じていた（裏エディプス状況）。「狼男」は腸の障害のために、便に血が混ざることがあった。このことは原光景のさいの母親の特異な姿勢と母親が時々口にする出血（生理）へと連想がつながり、母への同一化は決定的なものとなる。この同一化によって、「狼男」の肛門性愛は受動性を帯びたものになる。というのも、フロイトによれば、「女性（母）との同一化を示し、男性（父）に対する受動的な同性愛的態度を示すことができる器官は、肛門域[27]」だからである。この観点から、フロイトは、原光景における肛門性愛の受動的側面の特徴を、三つ取り出している。第一に、「狼男」にとって、肛門はペニスを受け入れ、性的満足を得る受動的な器官である。第二に、原光景の幻想の中では、肛門と膣の場所的混同が生じている。フロイトはこの混同を「幼児の性理論」の一つである排泄腔理論から説明している。幼児は解剖学的な知識の欠如のため、肛門と膣の区別を知らない。「狼男」も同様に、肛門を性交の器官とみなし、そこから子供が生まれると考えている。そして第三に、原光景における肛門性愛はマゾヒズム的な性質を持つ。肛門欲動とは、必ずしもサディズム的なものではなく、サディズムは自らへと反転し、容易にマゾヒズムに変化する。『性理論三篇』で、目標倒錯の一類型として提示されていたマゾヒズムという用語は、「症例狼男」では臨床的な現象として頻繁に用いられている。

　このようにフロイトは「狼男」の分析を経験することによって、自らの強迫神経症論をほぼ完成させている[28]。フロイトは、肛門性愛の受動性の側面を、「狼男」の両性性的（女性的）素因から引き出しているが、そのさいに男性性―女性性の対を、能動性―受動性の対と混同することのないように慎重に配慮しながら、理論化を行っている[29]。そしてその理論化の過程で、肛門サディズムにおける能動性と受動性の対、さらには肛門サディズムの反転現象としてのマゾヒズムという倒錯現象を取りだしている。先に私たちは、フロイトの強迫神経症論の理論化の過程にも倒錯の主題が絡まり合っていると述べたが、それはフェティシズムとは全く異質な、サディズム、マゾヒズムという倒錯であり、これはフロイトの倒錯論のもう一つの系列をなしている（とりわけ後期フロイトにおいて中心的な位置を占める倒錯は、マゾヒズムである）。私たちがフロイトの強迫神経症の理論化をたどりながら、その背景に垣間見てきたのは、強迫神経症―肛門サディズムへの退行―欲動の能動性・受動性―サディズム・マゾヒズムという連接をなす、欲動を起点とする倒錯論の系譜なのである。

私たちは、フロイトの強迫神経症の理論化の過程に、ヒステリーとは異なった倒錯の主題を読み取ってきたが、ここで幾つか新たな問いが浮かんでくる。その一つは、ここで問題となっている倒錯といわゆる真の倒錯とは、どのような関係があるかということである。確かに、フロイトの強迫神経症論を検討するなかで、そこには多くの倒錯の諸形態（同性愛、肛門性愛、サディズム、マゾヒズムなど）の要素が見られたが、それらは主に幼児の多形倒錯に基づく欲動の無軌道性が引き起こしたものであり、フロイトが『精神分析入門講義』（一九一六―一七年）で述べたような倒錯、つまり諸欲動が「ある部分欲動を中心に編成されている」[30]倒錯とは異質なものである。私たちは第一章で、フロイトの「子供が叩かれる」という論考を参照しつつ、ヒステリーに見られる倒錯現象と性倒錯の違いを論じた。では、強迫神経症に見られる倒錯現象と倒錯の違いはどこにあるのだろうか。ここで改めて考えてみたい。

「狼男」によって一応完成した強迫神経症理論では、サディズムとマゾヒズムは反転可能な関係にあるとフロイトは考えている。サディズムは、その攻撃性が自己に向けられることで、マゾヒズムという形態を取る。この時期のフロイトにとって、マゾヒズムはあくまでサディズムに由来する産物に過ぎない。しかしこの考えは、一九一五年頃にフロイトが自らの理論を総点検する作業（『メタサイコロジー論』の構築）の中で、再考を余儀なくされることになる。例えば、当時の最も代表的な欲動論の論文である「欲動と欲動の運命」では、フロイトは強迫神経症におけるマゾヒズムと倒錯としてのマゾヒズムを区別している。(31) フロイトはその論考において、能動性から受動性への転換に関しては、いっそう緻密な研究が必要であると強調した後に、サディズムからマゾヒズムの変換を次のような三段階に分節化する。

（a）サディズムは、対象としての他人に対する暴力や力の行使である。

（b）この対象が放棄され、自分自身に置き換えられる。自分自身への方向転換によって、能動的な欲動目標は受動的な欲動目標に変換される。

（c）新たにある他者が対象として探し出され、その人物が目標転換の過程が生じたことによって、主体の役割を引き受けざるをえなくなる。

フロイトはサディズムからマゾヒズムへの転換過程を三段階に分節化した後に、マゾヒズムにおいてはこの転換過程が（c）の段階まで到達するが、強迫神経症においては、（b）の段階までしか進まない、とその違いを明確化している。つまり強迫神経症に見られる自罰は、攻撃性の自分自身への方向転換に過ぎず、（自分ではない）新たな他者から処罰を加えられることを望むといったマゾヒズム的な受動性は見られないのである。フロイトはこの事態をギリシア語の文法構造との類比から、マゾヒズムでは能動態が受動態に変換されるが、強迫神経症では能動態から中動態へと変換されると説明している。[32] したがって、強迫神経症において生じるマゾヒズムは、能動態の転換の過程で生じているマゾヒズムであり、そこには本来の意味でのマゾヒズムはない。[33] サディズムの反転現象としてではなく、倒錯としてのマゾヒズムを理論的に論じるためには、『快原理の彼岸』（一九二〇年）で構築される死の欲動という概念が必要となる。その点については、第三部で取り扱うことにして、ここではこれまでの議論をもとに、一具体例を検討することにしよう。

Ⅳ　強迫神経症とマゾヒズム

患者は二〇代前半の男性である。[34] 中学時代より、学校で緊張する、会話の間を苦しく感じるなどの対人恐怖症状があった。高校に入るといっそう症状に苦しむようになり、高校二年の頃に休学し、その後退学してしまう。高校をやめてからは工場や病院でバイトをするが、対人関係で苦痛を感じることが多く、仕事は長続きしなかった。彼は、高校時代から数カ所の精神科クリニックでカウンセリングや投薬を受けていたが、症状に改善が見られないために、精神分析治療を始めることになった。

分析治療の最初の期間、彼は緊張が高く、自由連想ができなかった。彼の症状はよく聞くと、いわゆる対人恐怖症とは異なっていた。彼は文字通り、他人を怖がっていたのである。また彼は、「死」

とか「精神病」という「不吉な」言葉が浮かぶと、その言葉を頭の中の「黒板消し」で何度も消そうとするという強迫症状があった。二、三ヵ月ほど分析を続けているうちに、彼は私を怖いとは思わなくなり、それとともに、不自然なほど横柄な態度を見せるようになった。その頃、彼は「これまで誰にも話したことがない」という、あるエピソードを語った。

彼の父親は中学の教頭で、家では優しかったが、学校では教頭という立場上、生徒に厳しい態度を取っていた。そのために彼は小学校の頃から、同級生に父親のことで、嫌味を言われ、恥ずかしい思いをすることが多かった。そして小学校の高学年になると、いずれ父が勤める中学に通うことになる自分の運命を呪うようになる。中学に入ると彼は、学校で反抗的な態度を見せるようになった。教室でタバコを吸い、学校帰りには万引きを繰り返したが、そうすることが彼には楽しくてしかたがなかったという。そのため、父から家で注意されたが、彼の行動はさらにエスカレートしていった。このような彼の行動に父親は困り果て、鬱状態になり、学校を休職した。結局、周囲の配慮から、父親は近くの小学校に転勤し、しばらく働いていたが、数年後、肺癌で亡くなってしまう。この一連の出来事について、彼は自分が父親を殺したようなものだと罪の意識を覚えていた。

このエピソードについて話した後、彼は安堵の表情を見せ、父親の話をしばらく続けた。しかし、父親の話をしながら、彼が話し始めたことは、父親の死とは一見無関係な性的な幻想だった。彼は中学時代に、好きな女の子に冷たくされると、その女の子が事故にでもあって死なないかと想像することがあった。一方、彼は当時、SM雑誌を愛読していて、自分が女性に縄で縛られて虐められることを想像しては自慰に耽っていた。幻想の中での相手は必ず女性で、彼は虐める役ではなく、虐められる役でなくては満足感がなかった。しかし、高校を中退してからは、彼の幻想に変化が見られた。彼は自分の憧れている女性が、(不特定の)男性に虐められている場面を頭の中で描き、その上で、自分がその女性であることを想像すると強い興奮を得られるようになった。

彼は一〇代後半に実際の性交渉を持つが、それは興ざめしたものだった。彼はその後、付き合った女性に、彼の幻想のシナリオに従うように促したが、気持ち悪がられて女性が離れていくために、二〇代半ばから、繁華街で男性相手の売春を行うようになった。彼の性欲の対象はあくまで女性であったが、男性とも性関係を持ち、その最中にはあたかも自分が男性から虐められている女性であるかのように考えて興奮を得ていた。

分析治療の中で、彼は私を恐れるかと思うと横柄になり、私の解釈には表面的にはおおむね肯定的な反応を見せた。また私が、黙って彼の話を聞いていると、私が「死んだ」かも知れないと思い、私の方を見ることがあった。半年ほどの分析治療で、彼の「対人恐怖症状」と強迫観念は軽減したが、彼の性的嗜好には変化はなかった。その後、彼はお金を払って自由連想をするという分析設定自体を嫌がるようになり、「もう父のことは解決したので、後は現実に性的なパートナーを見つけるだけだ」と言って、分析を「卒業」したいと訴えるようになった。彼は分析を途中でやめたのではなく、「卒業した」という証明が欲しいと私に繰り返し要求した(彼は、実際は途中で行かなくなった「父親の中学」を「きちんと卒業した」という証明を要求していた)。そしてそれが叶わないと分かると、彼は分析には来なくなった。

＊

この患者の最初の幻想（自分が女性から虐められる）は、サディズム的な要素の強いものである。[35]フロイトが「欲動と欲動の運命」で示した能動性から受動性への三段階の変換を参照するならば、ここにはサディズムの反転としてのマゾヒズムが生じている。しかしこの時点では、（c）の段階における「新しい他者」は出現していない。ところがこの幻想は、彼が父親に対して抱くことになった罪責感の影響により、第二の幻想へと変化する。それは自分の憧れている女性が（不特定の）男性に虐められているという幻想であり、彼はその女性にナルシス的に同一化し、強い快感を得ている。この幻想には「（不特定の）男性」という新たな他者が出現している。[36]つまりこの幻想の受動性は、サディズム（能動性）の反転ではなく、まさしくマゾヒズムの受動性なのである。

以前の論考[37]で、私たちはこの患者の強迫神経症と倒錯の共存を、幼児のセクシュアリティと成人のセクシュアリティという観点から捉え、この患者が基本的には強迫神経症の病態であり、患者の幻想に出現している倒錯的要素を（罪責感によって装飾された）幼児の多形倒錯的な性現象として理解した。しかし、フロイトの肛門欲動論から、この症例を改めて検討するなら、この患者の病理の中核が強迫神経症ではなく、マゾヒズムにあることは明確である。父親の死に対する罪責感という観点から、この患者のマゾヒズム的傾向を理解することには明白な限界がある。この限界を正確に認識することは、この患者の精神病理の把握においてだけではなく、分析治療を行うさいにも重要な意味を持つのである。

V 倒錯論の二つの系列

本章で、私たちはフロイトが、両性性─去勢コンプレクス─フェティシズムという連接をなすファルスを中心とした倒錯論の系列を背景にヒステリーを論じる一方で、その後、強迫神経症を欲動の能動性・受動性─サディズム・マゾヒズムという倒錯論の系列に沿って理論を構築したことを論じた。フロイト理論における倒錯の問題を考えるさいに躓きの石になるのは、フロイトはこの二つのテーマの探究を生涯にわたって平行した形で行い、二つを統合的に取り扱う理論を構築しなかったという点である。[38] この二つのテーマの出現を年代的に明確にするのも難しい。両性性が優位にあるのは、フリースの影響が大きかった初期から、「症例ドーラ」が書かれた一九〇五年頃を経て、ファルス中心的な編成がピークに達した「幼児期の性器的編成」(一九二四年)、さらに「フェティシズム」が書かれた一九二七年頃である。そして欲動論のテーマは、『性理論三篇』が書かれた一九〇五年、そして一九一五年と一九二〇年代にピークを迎えている。しかし実際、両者の時期を明確に区分することはできず、多くの場合、二つの問題系は混在している。はっきりと言えるのは、強迫神経症の治療経験の後に、フロイトの理論は、まさに欲動についての理論としてその全貌を現したことである。

第一部で、私たちは主に初期のフロイトの歩みに焦点を当て、議論を進めてきた。これまで私たちが問題にしてきたのは、フロイト理論における倒錯論の系譜だが、中期の理論を取り扱う第二部では、ナルシシズムという倒錯が、そして後期の理論を扱う第三部では、マゾヒズムという倒錯が主なテーマとなる。第一部の作業を足場にすることで、ようやく私たちは、真っすぐに欲動論としてのフロイト理論への山頂へ向かう道にたどりついたのである。

第二部

ナルシシズムという迷宮

第三章　ナルシスの身体

光線ないし神の神経の絶え間のない流入の結果として官能的快楽神経が私の肉体に充満している状態は、すでに六年以上も持続している。
——ダニエル・パウル・シュレーバー『ある神経病者の回想録』

第一部では、フロイト理論が欲動論として全貌を現す過程を見てきた。年代的には一九一〇年までのフロイトである。第二部では、一九一〇年代のフロイトの歩みに焦点を当てることにする。時代がかつてない大規模な戦争へと向かっていくこの時代に、フロイトは壮大な野心のもと、精神分析理論をより広範な領域へと拡張していく。

一九一〇年代初めに、フロイトが矢継ぎ早に出版した著作は、二つの方向性を持っている。「レオナルド・ダ・ビンチの幼年期の想い出」（以下「ダ・ビンチ論」と記す）、『トーテムとタブー』といった作品は、精神分析理論の病跡学、人類学への応用可能性を示すものである。もう一方で、彼はオイゲン・ブロイラー、ユングとの交流によって、精神分析を精神病（ナルシス神経症）の病理の把握にまで広げ、その試みは「シュレーバー論」として結晶化する。この二つの方向への拡張で鍵となるのは、欲動（リビード理論）と密接に結びついた「ナルシシズム」という概念である。第一部で、前景に姿を現した欲動論は、その後、ナルシシズムを基本概念として、大きな展開を見せることになる。

フロイトの一九一〇年代のテクスト群で分水嶺になるのは、序章でも述べたように、ナルシシズムを本格的に論じた「ナルシシズム論」である。そこで展開されたアイデアをもとにして、フロイトは身体および精神病の問題、そして自我の問題など、新たな主題に取り組んでいく。本章では欲動論の文脈において、このテクストが持つ意味とその起爆力を考えてみたいと思う。

I　ナルシシズムの謎

ナルシシズムは、本来、性的他者の身体に向けるのと同様に、自己身体に性欲を向ける倒錯を名づけるさいに用いられた用語である。(1)「ナルシシズム論」においてフロイトは、リビードが自己身体に向かうという、この特殊なリビード布陣が、倒錯者だけではなく、あらゆる人間が性的発達過程において取る配置とみなし、精神分析理論を拡張している。「ナルシシズム論」の重要性は、フロイトがナルシシズムという概念を彼の理論に導入することによって、その理論を大幅に更新させている点にある。このテクストは、概念構成と理論の展開の内的関係が緊密で、概念が理論構築のさいに持つ力が見事に示されている。そしてナルシシズム概念を巡って、欲動論と自我論、対象論が交差し、またそこから、自我リビード、対象リビード、対象選択といったフロイトの重要な諸概念が生みだされている。だが、あるいはそれゆえにと言えるかもしれないが、これは決して読みやすいテクストではない。フロイト自身、書きあげた時に「難産のオンパレード」と述べているように、「ナルシシズム論」には多くの概念が、可能性を宿したまま、収拾がつかない形で溢れ出ている。フロイトはいつも自分の書いたものに不満だったが、「ナルシシズム論」ではとりわけひどく、書き上げたときに安堵したどころか、頭痛と腸の障害に悩まされた[2]。

　この複雑なテクストで、フロイトが中心に据えた概念は、一次ナルシシズムと二次ナルシシズムである。まずは、この二つの概念を整理することから始めよう。フロイトが主題にしているのは、彼が対立関係にあると考える性欲動と自我欲動の発生の問いである。彼は性欲動と自我欲動の分離を生物学的仮説から導いている。性欲動と自我欲動の発生は同時ではない。最初に身体内に性欲動の渦があり、これをフロイトは自体愛と呼ぶ。自体愛は無軌道な性欲動の流れであり、方向性を持たない。この自体愛の状態を統一して、それに「形を与える」(gestalten)のが一次ナルシシズムである。また一方で、一次ナルシシズムは、個体の内部に「新たな心的作用」を生み出す。それが一次ナルシシズムの備給を受けた起源的な自我の作用である。このように一次ナルシシズムと自我の誕生は密接に結びついている。発生の順序としては、まず混沌とした性欲動があり、一次ナルシシズムの働きによって、自我という心的機能が発生する。

　フロイトの一次ナルシシズムは、二次ナルシシズムより複雑な概念である。一九一〇年代初めの、フロイトの一次ナルシシズムのモデルには大きく二つの流れがある。一つは、外界に対して有機体が一つの閉じられた統一を形成している状態である。それは、子宮内生活の状態であり、無対象的である。しかし、このモデルは神話的であり、そのような組織体は一瞬たりとも生存しえないだろうとフロイトは述べている。もう一つのモデルは、母親の世話によって乳児が幻覚的な満足を得ている状態である。(3) この状態は、ナルシス的な充足状態だが、乳児は母親という対象をすでに持っており、対象としての母親は乳児を完全に満足させることはない。やがて乳児は対象としての母親によって幻覚的な満足を得る手段を放棄し、現実の変革（いわゆる快–自我（Lust-Ich）から現実–自我（Real-Ich）への移行）を試みるようになる。

一方、二次ナルシシズムに関するフロイトの考えは明快である。それは、「リビードが自我に向けて撤収されている状態」である。フロイトはこの構想を、一九〇八年にカール・アブラハムと統合失調症について議論しているさいに得た、と書いている。(4)「統合失調症者においては、対象へのリビード備給はなくなり、その対象から剝奪されたリビードは、自我に向けて撤収され、統合失調症の誇大妄想の源泉になる」というアブラハムの見解を、フロイトは全面的に採用する。このようなリビードの自我への撤収は、統合失調症の誇大妄想のみならず、強迫神経症者の「思考の万能」、心気症、性倒錯、睡眠状態にも見られると彼は考える。

この一連の論の展開で、あらかじめ前提とされているのは、先にも述べた性欲動と自我欲動（自己保存欲動）という二つの原欲動の対立という仮説である。この仮説についてフロイトは次のように述べる。

私たちは誤謬をおかす可能性があることをよくわきまえたうえで、自我欲動と性欲動の対立という最初に述べられた仮説、つまり転移神経症の分析によって無視できなくなったこの仮説を、それが矛盾なく、実り豊かに発展してゆき、例えば統合失調症のような疾患にも応用できるのかどうか見極められるよう、徹底的に使い続けてみるべきなのだ。(5)

このように自らの臨床的直観で摑んだ仮説を羅針盤に、臨床事象を検討する作業のなかで、フロイトの認識は突如として新たな地平へと到達している。私たちは、まさにこのような歩みのなかに、フロイトの思考の独自性を垣間見ることができる。

ナルシシズムは、一九一〇年代のフロイト理論の豊饒な展開を導いた基本概念だが、この概念を多様な臨床事象へと応用するなかで、次第にフロイトはこの概念の前提となっていた性欲動と自我欲動の対立を維持することに困難を覚えるようになる。例えば、「ナルシシズム論」において、フロイトは最初に一次ナルシシズムと二次ナルシシズムを区別した後で、自我を形成する根源的なリビード備給という考えを提示する。ナルシシズムの働きによって、自己にリビードが向けられ、起源的な自我が形成されるのだが、その自我からさらにリビードが対象へも向けられる。このような自我を、フロイトは原生動物の身体とそれが送り出す偽足の比喩で把握している。フロイトはそもそも性欲動と自我欲動の備給エネルギーを、「リビード」と「関心」という用語で区別していたが、このような自我の比喩で備給されているエネルギーは、リビードと関心が混然一体となっている。

また、フロイトがナルシシズム概念を導入する過程で、リビードが自我に向かうか、対象に向かうか、という方向によって、自我リビードと対象リビードという概念を定義し、両者を区別した。しかし一方で、このようにリビードを目標の観点から概念化すると、自我欲動と自我リビードという二つの異なった性質のものを明確に区別することが困難になる。この時期にフロイトが作り出した概念には、その内実をはっきりさせようとすると他の概念と矛盾するものが少なくない。

性欲動と自我欲動の対立という仮説は、フロイトが「ナルシシズム論」の三年前に執筆した「シュレーバー論」で展開した推論においても、綻びを見せている。フロイトは、シュレーバーが体験した「世界没落」(精神病の急性期にみられる世界没落体験)を、外的世界からの全的リビード離脱が生じた出来事と解釈する。そのさい、彼の仮説に従えば、リビードは自我へと撤収され、誇大妄想が生じることになる。この場合、自我欲動と自我へと撤収されたリビードはどのような関係にあると考えればよいのだろうか。また、自我欲動が備給する「関心」と、性欲動が備給する「リビード」との関係は、どのようなものだろうか。両者は重なり合うことはないのだろうか。シュレーバーは外的世界を完全に失うが、自我が関心という備給を保持しているなら、外的現実との交流も保たれるのではないだろうか。次々と浮かび上がる疑問に対して、フロイトは「私たちは、この問題に答えるための手がかりも、手際よく扱う技量も持っていない。……その先の思考は、すべて暗闇の中の心的過程という混沌であり、都合次第で私たちが再び捨て去りもする理論構成に過ぎない(6)」と吐露している。

フロイトは自らの欲動論の内部に矛盾があることを自覚しながらも、一九一〇年半ばには、ナルシス神経症の構想をほぼ完成させていた。しかし、彼は、彼自身が定義した欲動という概念でさえ、明確な輪郭や実体を描くことができないことに危機感を抱く。精神分析理論をこのような曖昧で恣意的な用語で組み立てていったとしても、いずれこの建物は瓦解することになるだろう。必要なのは、個々の概念を基礎づけ、精神分析をしっかりとした礎のもとに新たに始めることではないか。このような意図で、フロイトは一九一五年に『メタサイコロジー論』という一冊の本を書こうとする。しかし、彼は一二の論文を書き上げたものの、結局七つの論考を推敲途中に破棄し、この試みは結局、一冊の本に結集することはなかった。(7) この幻の書物は、フロイトの理論全体の中で、きわめて重要なものであることは言うまでもないが、ナルシス神経症論をはじめとするフロイトの一九一〇年代の歩みを考えるうえでも、避けて通れない論集である。次にこの論集におけるフロイトの思考をたどってみることにしよう。

Ⅱ 『メタサイコロジー論』という礎石

『メタサイコロジー論』は、フロイトのそれまでの仕事の理論的総括である。まず前半部分は、本書第一部で主に取り扱った、ヒステリー患者および強迫神経症患者の治療経験が、欲動論の観点から改めて理論化されている。そして、全体の蝶番となる第三論文「無意識」で、新たな方法論としてのメタサイコロジー的記述が提唱され、後半部分で、統合失調症、メランコリーなどのナルシス神経症の理論化の構想が提示されている。この幻の書物は、ナルシシズム概念の導入によって曖昧になった論点をメタサイコロジー的な方法で整理し、ナルシス神経症という新たな領域を、転移神経症と対立する形で構想することを目指している。中心となるのは、第一論文「欲動と欲動の運命」、第三論文「無意識」、第五論文「喪とメランコリー」であり、この三つの論考が、フロイトの中期の仕事の骨格をなしている。

「欲動と欲動の運命」において、フロイトは、精神分析の根本概念である欲動を、慎重な手つきで生理学的、生物学的、心理学的観点から厳密に輪郭づけしようとする。彼は、欲動を心的なものと身体的なものの境界概念とみなし、衝迫、目標、対象、源泉という観点から丁寧に分析していく。一方、自我欲動と性欲動という二つの原欲動の対立については、それを必要不可欠な前提とはせず、あくまで補助的仮説とし、「これを別のものに置き換えたとしても、私たちの記述と分類の作業の結果はほとんど変わらない」と書く。ここでフロイトは、この二つの欲動が対立関係にあるだけでなく、性欲動が自我欲動に寄りかかり(依託)、そこから離れるという関係があるということに注意を促している。性欲動は自ら自身によって欲動の対象を見いだすのではなく、自我欲動が指し示す道筋をたどることによって対象を発見するのである。これはすでに『性理論三篇』で述べられていた欲動の依託という働きだが、フロイトはここで改めて、性欲動が自我欲動に依託するという関係を強調している。

この論考で重要なのは、フロイトが挙げた欲動の四つの運命である。それは「対立物への反転」、「自分自身への方向転換」、「抑圧」、「昇華」の四つの運命(動き)であり、この論考では前者二つが取り扱われる。「抑圧」は第二論文で単独で論じられ、「昇華」を論じた論文は現存しない(おそらくフロイトが破棄したと思われる)。

「対立物への反転」には、「欲動の能動性から受動性への転換」と「内容の反転」の二つがあると、フロイトは述べている。私たちが第一章で論じた情動反転(愛から嫌悪への反転)は、「内容の反転」の一例である。また第二章で検討したサディズムからマゾヒズムの変換は、「欲動の能動性から受動性への転換」の例である。そして「自分自身への方向転換」の端的な例は、まさにナルシシズムのさいに性欲動がたどる経路に示されている。このようにフロイトは、この論考でこれまでの臨床経験を凝縮した形で整理している。

第二論文「抑圧」でフロイトは、一八九〇年代から繰り返し検討してきた抑圧概念を、第一論文での欲動概念の定義に基づき、より厳密に概念化している。この論考では、性欲動の満足(快)は自我欲動の不快となるという対立関係が、抑圧が働く条件となると明瞭に述べられている。さらにこの論考では、欲動と無意識の関係が解明されている。すなわち、欲動と無意識の間には直接的な関係はなく、欲動の代理となる表象を介して、欲動は無意識と関係する。したがって、抑圧とは、欲動の抑圧ではなく、表象代理の抑圧なのである。そして、この論考の最後では、私たちが第一部で検討した、「症例ドーラ」、「症例鼠男」、「症例狼男」における抑圧の個別的な機制が、これまでの理論的な総括を兼ねて、具体的に論じられている。

第三論文「無意識」で、『メタサイコロジー論』はナルシス神経症論へと大きく舵を切る。「無意識」のⅥ節までは、フリース宛ての手紙(一八九六年一二月六日)で素描した構想や、『夢解釈』Ⅶ章で展開した心的装置論（第一局所論）の、より系統的な理論化が企てられている。この箇所は、本章の議論から外れるのでここでは取り扱わない。私たちが着目するのは、第三論文Ⅶ節から展開されるナルシス神経症論である。

フロイトが第三論文「無意識」、第四論文「夢理論へのメタサイコロジー的補足」、第五論文「喪とメランコリー」で取り扱うナルシス神経症は、統合失調症、アメンチア（急性幻覚性錯乱）、メランコリーである。これらの疾患は、一様に、外的世界に向けられたリビード備給が撤収され、現実が失われるという共通点を持つ。しかし、この撤収されたリビードが何に向かうのか、また現実の喪失の様態はどのようなものかという点で、それぞれのナルシス神経症は異なった病態を示す。

統合失調症では、対象から撤収されたリビードは自我へと向かう。そして自我は誇大的となり、現実世界を喪失する。「無意識」論文で、フロイトは、もっぱら統合失調症者における、現実の喪失からの回復の試みに注目している。一般に対象表象の語表象と物表象は結びついているが、統合失調症では物表象への備給が撤去されるために、その回復期には語表象にリビードの過剰備給が起こる。したがって語表象の関係が、物表象より優位に立ち、過剰備給された語表象によって、現実が妄想的に構築されるのである。

一方、アメンチアでは、対象から撤収されたリビードは局所論的退行を引き起こすために用いられる。フロイトは『夢解釈』Ⅶ章で、知覚が、記憶組織、無意識を経て、前意識に至る心的装置を構想したが、局所論的退行とは、この過程が逆行することである。すなわち、前意識の表象は知覚へと向かい、その表象が知覚（幻覚）として経験される。さらにアメンチアでは、自我の重要な現実検討という機構が働かないために、外的知覚と内部起源の表象の区別ができず、（欲望充足的な）内的表象が現実世界に置き換わる。

メランコリーの場合は、愛する対象から侮辱されたり、失望させられたりすると、対象から撤収されたリビードは、対象を自我と同一化することに使われる。この同一化という機制によって自我には内部分裂が生じ、対象と同一化した部分と、それを批判する審級（良心）に分かれる。この機制は、後に『自我とエス』でフロイトが論じることになる第二局所論のモデルでも重要な位置を占める。自我が同一化の作用を及ぼし、自らの内部に対象を取り込むという記述は、これまでのフロイトにはない新たな対象概念である。メランコリーでは、対象を取り込んだ自我の内部で葛藤が生じ、それが「開いた傷口」のように並外れて高い対抗備給を要求するため、自我は貧困化してしまう。メランコリーが重篤なナルシシス神経症なのは、外界から撤収されたリビードがもはや外界へと向かわないからである。

『メタサイコロジー論』は、一九一五年に草稿がすべて書き上げられ、その年に前半三つが出版される。その二年後には「夢理論へのメタサイコロジー的補足」、「喪とメランコリー」が引き続き公表されるが、残りの論考は完成稿に至らないまま放置される。そして一九一九年に、アンドレアス＝ザロメに書簡で事実上の出版の断念を告げている。また、その書簡では『快原理の彼岸』という新たな論考に没頭していることも知らせている。フロイトはすでに、『メタサイコロジー論』の土台となった性欲動と自我欲動が対立するという仮説を放棄していた。そしてそれに代わって、その性欲動と自我欲動の二つをまとめて生の欲動と呼び、死の欲動をそれに対立する欲動として理論化するという構想を抱いていた。彼は自らが宣言する通り、仮説は徹底的に使った後で、もはや不要と思えたときに、それを捨て去ったのだ。この後のフロイトの歩みについては、第三部で詳しく追うことにしよう。

ところで、『メタサイコロジー論』は未完の書物ではあるが、当初の目的の一つだったナルシス神経症の解明に関する論考はすべて出揃っている。ここで、フロイトのナルシス神経症（精神病）論を、あらためて現代の臨床の視点から見直すことにしよう。私たちは、『メタサイコロジー論』の四年前、フロイトがナルシス神経症論を構想するきっかけとなった「シュレーバー症例」を取りあげる。フロイトがナルシス神経症を考えるさいに、重視したのは、「現実」という指標である。そして、「シュレーバー論」で中心に据えられているのは、まさにその「現実」を喪失するという事態である。その一方で、一九二〇年代にはフロイトは精神病の病理の核に「現実の否認」を置くようになるが、これもまた「現実」の喪失の一つの様態である。この二つの視点がフロイトの思索のなかでは、一方が他方を破棄するのではなく、晩年に至るまで共存していたという事実を考慮に入れるなら、フロイトの精神病論には二つの系列があると考えることができる。本章の最後では、この「二つの精神病」という問題を検討することにしよう。

私たちは、第一部でフロイトの思考において、倒錯の問題系がフロイトの歩みの推進力になっていることを論じた。例えば、「症例ドーラ」の考察では、「倒錯は神経症のネガである」という定式通りに、倒錯がドーラのヒステリー症状の機制を逆の形で浮き彫りにするという役割を果たしている。また「症例鼠男」、「症例狼男」では、それぞれ（肛門）サディズム、（肛門）マゾヒズムが、理論形成のさいの補助線として働いている。では、一九一〇年代はじめの精神病（ナルシス神経症）論で、フロイトの思考を駆動させたものは何だろうか。それは、すでに述べたように、一つはナルシシズムという倒錯である。そしてもう一つは同性愛である。

フロイトが同性愛の問題に集中的に関心を示した時期は、一九〇九年から一一年にかけてである。(9) そしてこの間に、彼は「ダ・ビンチ論」と「シュレーバー論」を書き上げている。この二作には、方法論的にも内容的にも高い類似性がある。方法論的には、いずれも分析経験からの知見からではなく、伝記や文献から理論を構築している。また内容的にはいずれも、ナルシシズムと同性愛がテーマである。しかし、ダ・ビンチが同性愛の昇華に成功しているのに対し、シュレーバーは同性愛の抑圧に失敗し、精神病に陥るという対照的な帰結をたどっている。

「シュレーバー論」は、フロイトが初めて書いた本格的なナルシス神経症論である。フロイトはこの著作を、シュレーバーの『ある神経病者の回想録』（以下『回想録』と記す）の緻密な読解によって書き上げ、その出来栄えについてもフロイトにしては珍しく、「納得がいき、満足できた」と述べている。それは、本を書くという作業によって、フロイトの個人的問題と理論的課題が解決されたからであろう。すなわち、フロイトがフリースやシャーンドル・フェレンツィとの関係を自己分析するなかで発見した彼自身の「同性愛感情」の問題、およびナルシシズムを対象からのリビード備給の撤収と捉え、パラノイアの機制を投影と考える、などといった幾つかの構想が、『回想録』を解読するさいに、あたかもバラバラに動いていた歯車の部品が、カチャリと音を立てて嵌り、動きだしたかのように、フロイトの心を大きく揺さぶったのである。ちなみに、フロイトが「パラノイア患者が失敗したところで、私は成功したのです」と、フェレンツィに手紙を書いたのは、「シュレーバー論」を執筆中のことであった[10]。

だが、この「シュレーバー論」は決して評判のいい論考ではなかった。フロイトの同時代人であり、当時最も影響力があった精神科医のエミール・クレペリンは「パラノイアの原因を同性愛の抑圧に求めるフロイトの見解は、何ら根拠のないものであり、この理論に関わり合うのは不毛である」と一顧だにしていない。このクレペリンの批判はきわめてまっとうであり、今日に至るまで、ほぼ大部分の臨床家の賛同を得ている。「シュレーバー論」の最大の弱点は、パラノイアの原因を同性愛の抑圧と考える、この原因論にある。そして、この「シュレーバー論」は、精神医学にもならず、精神分析の領域においても、長らく真剣に議論されることはなかった。それは例えば、二〇世紀の最大の分析家ビオンが、常にフロイトを参照しながらも、「シュレーバー論」に言及することはないことにも如実に現われている。

フロイトの「シュレーバー論」の独創性に着目し、発表されて四〇年以上後に、その読み直しを試みたのは、ラカンである。精神病発症の中核に「排除」という特殊な機制を発見し、シュレーバーの同性愛願望を、パラノイアの原因ではなく、発病のプロセスから生じた二次的なものと捉えるなど、ラカンの読解は他の追従を許さない卓越したものである。しかし、ラカンの読みは、あくまでラカンの理論から見た「シュレーバー論」であり、ラカンのテクストを丹念に読み返しても、フロイトの思考の歩み、とりわけそれを突き動かす力がどこにも見えてこない。ラカンの理論はあくまで彼の経験から生み出された独創であり、フロイトの思考とは明確な一線を画している。

ナルシシズムと同性愛――この初発の問題設定がなければ、この見事な論考が成立しなかったことは疑いようもない。ここでも私たちはフロイトの歩みに着目し、「シュレーバー論」におけるフロイトの思考を、順に追っていくことにする。ただ、シュレーバーの多彩な精神病症状の細部に入ると、論述が込み入ったものになるので、フロイトが重点的に論じた箇所に論点を限定する。そして、フロイトの理論化に対する私たちの見解を述べようと思う。

「シュレーバー論」は、ドレスデン控訴院議長ダニエル・パウル・シュレーバーが、一九〇三年に出版した『回想録』と彼の主治医であったパウル・エミール・フレクシッヒ教授の鑑定書などから、フロイトがシュレーバーの精神病の解釈を試みた論考である。シュレーバーは、『医学的室内体操』の著者で有名な教育者、整形外科医のダニエル・ゴッドロープ・モーリッツ・シュレーバーの次男として生まれている。ライプツィヒの法学校を卒業し、三六歳時に結婚するが、子供はいなかった。発病は三つの時期に分けることができる。

最初の発病は四二歳の時で、帝国議会選挙の落選を機に、心身とも困憊し、「重症心気症」の診断のもと、ライプツィヒ大学精神科のフレクシッヒ教授のクリニックに約半年入院する。入院中二度の自殺企図などがみられたが、ほぼ全快し、退院後はフレクシッヒに対する感謝の念を抱き、八年間、「子供を授かろうという希望が幾度か挫かれた」ことを除けば、おおむね平穏な日々を過ごす。

第二回目の発病が、『回想録』の中心を占めるエピソードである。それは、ザクセン州控訴院議長の昇進の知らせを受けた、五一歳のときに始まる。ある日の明け方に、シュレーバーは「女であって、性交されているならば本当に素敵であるに違いない」という観念を抱くが、彼は憤怒をもってこの観念を否定する。その後、強固な不眠と心気症状が出現し、フレクシッヒのクリニックに再入院するが、その際に迫害妄想が強まり、多彩な幻覚妄想症状も出現する。幻聴、思考吹入を初め、フレクシッヒが彼を「神経接続」によって、「脱男性化」し、性的に濫用するという被害妄想も出現する。約四カ月後、ゾンネンシュタイン精神病院に転院するが、しばらくして、全太陽系に深甚なる変化が生じ、世界が没落したという気分に陥る。すべてが死に絶え、彼が唯一残された「本当の人間」であり、周りの人間は「奇跡によって束の間に組み立てられた男たち」に過ぎないと、彼は確信する。

ゾンネンシュタイン精神病院に入院中に、迫害者は複数化していき、フレクシッヒから、フレクシッヒと神、「上位のフレクシッヒ」と「中位のフレクシッヒ」に分裂する。さらに神に関しても、「前方の神の国」と「後方の神の国」と分解され、後者はさらに「下方の神」と「上方の神」に分かれる。そして、五三歳の晩秋に、「脱男性化」の奇跡が起き、「神の女」として、「シュレーバーの精神から生じる人間たち」を生み出し、新たな世界秩序を創造するという誇大的な妄想が結実し、この使命感が『回想録』の執筆へとつながっていく。

『回想録』の上梓後の経過は、フロイトの「シュレーバー論」の余白に位置することだが、シュレーバーの病理を考えるうえで重要なので簡単に記しておく。退院後のシュレーバーは養女を迎え、妻と三人で穏和な家庭生活を送る。しかし六五歳の時に、母親の死と、妻の脳卒中発作が重なり、不眠と焦燥のため、三度目の入院となる。このときも、「胃がない」、「腸がない」といった否定妄想や自殺企図がみられた。また人格荒廃も急速に進む。そして、フロイトが「シュレーバー論」を脱稿後、数カ月して偶然にもシュレーバーは扁桃腺炎が原因となって全身衰弱をきたし、病死している。

フロイトは、シュレーバーをパラノイアと診断している。[11] つまり、フロイトにとって、シュレーバーは典型的なナルシス神経症の患者（今日の診断では、妄想型の統合失調症）であった。しかし、『ヒステリー研究』の患者や「鼠男」、「狼男」[12]など、フロイトが扱った患者は、きわめて稀な症状と非定型的な病像を示すものが多く、現代の観点から見ると、どのケースも診断が分かれる。シュレーバーにしても、ケルン大学の精神病理学者であるU・H・ペータースは、情動性精神病の系列に位置する不安—至福精神病、もしくは鎮静目的で病院内で頻繁に使われていたブロムの中毒性精神病と診断している。[13] このように診断学的な疑念が生じるのは、新資料の発見に加え、現在主流を占める操作的診断の影響などが大きいが、シュレーバーを妄想型の統合失調症と考えることは、今日においてもきわめて妥当な見解だろう。

すでに述べたように、フロイトはシュレーバーの『回想録』を、ナルシス神経症の機制を示す格好の素材と考えた。フロイトは、パラノイアというナルシス神経症の発病と経過を、(1) 対象からのリビードの剝奪、(2) 自我障害としての精神病、(3) 世界の再構築としての妄想、(4) ナルシス神経症の身体という四つの観点から継時的に把握したと要約できる。[14] ここでは、この四つの観点からシュレーバーの病理を順に検討してみることにする。

(1) 先にも述べたように、フロイトはパラノイアを二次ナルシシズムが引き起こす病と考えている。対象からリビードが剝奪されることにより、諸対象から構成される世界は没落し、自由になったリビードは独特の緊張を帯びた気分を生み出す。これは精神病の発症としての世界没落体験に関する大胆な仮説である。フロイトのリビード概念は、比喩的に受け取られがちだが、ここで彼はリビードを、諸対象を構成するエネルギーと考えている。そして、対象から切り離され、自由になったリビードは自我に向かって撤収される。リビードの高まりは不快を引き起こすゆえに、精神病の発病状態は緊張に満ちた不快な状態である。

ここでフロイトは一つ問いを出している。パラノイアにおける対象のリビード剝奪(リビード離断)は全面的なものか、部分的なものか、ということである。これはシュレーバーにおいて、世界没落体験より前に、フレクシッヒに対する迫害妄想(抑圧されたものの回帰)が出現しているという臨床的事実から生まれた問いである。これに対し、フロイトは『回想録』の読解から、リビード離断は部分的で、個別的なコンプレクスからの撤収にとどまることもあれば、全的な離断に至るものもあると推測している。つまり、パラノイアでは、対象への通路が閉ざされる場合もあれば、部分的な通路が保たれる場合もある。これはパラノイアにおける、自我と対象との関係に関する重要な指摘である。

（2）次に、対象から剥奪されたリビードは、自我へと撤収される。そして自我に過剰に流れ込んだリビードは、自我機能を破壊し、自我は現実検討能力を失う。フロイトにとってパラノイアは基本的に自我障害なのである。

ここでもフロイトは一つ疑問を呈している。もし過剰な（性的な）リビードが、自我に流れ込むとしても、（非性的な）自我欲動が外的世界に「関心」を備給しているなら、自我は外的世界との交流を保ち続けるのではないか。これはフロイトが、性欲動と自我欲動の二元論を維持しているゆえに生じる疑問である。しかし、先にも述べたように、自我に撤収された性的なリビードが、非性的な自我欲動とどのような関係を持つかという問いは、この時期のフロイトの欲動理論では解決することができない。

フロイトは、シュレーバーのパラノイアに規則的に心気症状が随伴しているという臨床的事象に着目し、心気症とパラノイアの関係を考察することを、この問いの解決の糸口にしている。フロイトは「ナルシシズム論」で、現勢神経症である心気症を自我欲動（自我リビード）の鬱積による不快と考えた。心気症は対象リビードがもたらす不安とは別の、自我欲動に由来する現象である。一方、パラノイアは、（性的な）リビードが自我に撤収されることによって生じる精神病である。すなわち、パラノイアは（自我欲動ではなく）性欲動に由来する現象である。シュレーバーにおいては、この二つが共存している。この二つがシュレーバーの内的世界において、どのような関係にあるのかということを解明できれば、先の問いを解明できるとフロイトは考えた。しかし、彼はこの臨床的事象に対しても明快な答えを出すことができない。それゆえ、「心気症的な随伴症状をきちんと連関のなかにはめ込むことに成功している理論である限りにおいて、私はそのパラノイア理論をはじめて信用するに足るものと見なす」[15]と脚註に記し、将来の課題とするのである。

(3) リビードが過剰に備給された自我は、破綻をきたし、外的世界を喪失する。しかし、自我は生を放棄するわけにいかず、再び外界との関係を妄想という形で取り戻そうとする。妄想形成は、パラノイア患者の回復の試みであり、世界の再構築である。これはフロイトの慧眼である。そしてこのように妄想形成の過程において、パラノイア患者の無意識は、神経症者のように偽装された形ではなく、白日のもとに露わになる。先に取り上げた『メタサイコロジー論』の「無意識」論文（「シュレーバー論」の四年後の論考）で、フロイトが精神病の発病過程ではなく、回復過程に焦点を当てて考察を行ったのも、患者の回復過程に無意識がはっきりと読み取れるからである。またフロイトは、統合失調症者においては、事物連関よりも言語連関が優位に立つことを強調したが、その観点は「シュレーバー論」での考察を引き継ぐものである。

「シュレーバー論」では、シュレーバーの妄想内容が、言語態の文法構造に従って変換されていることが示されている。フロイトはパラノイアの妄想が、「私は彼を愛している」（同性愛感情）という共通命題から、迫害妄想、被愛妄想、嫉妬妄想、誇大妄想へと変換される例を挙げているが、「シュレーバー論」で重要なのは迫害妄想である。シュレーバーにとって、「私は彼（フレクシッヒ）を愛している」という命題は却下すべきものである。したがって、この命題は「私は彼を愛していない――それどころか憎んでいる」に変換される。やがて内的感情は抑圧されて、外的知覚へと投影され、「彼が私を憎んでいる（迫害している）、だから私が彼を憎むのは当然なのだ」となる。フレクシッヒへの同性愛感情は、このような形式を経て、迫害妄想に変わる。

迫害妄想は進行とともに、先にも述べたように、フレクシッヒは「神」、「上位のフレクシッヒ」「中位のフレクシッヒ」に分離し、「神」の世界は、「前方」、「後方の上方」、「後方の下方」というように分割される。ヒステリーでは無意識の素材が圧縮され、象徴として機能するのに対し、パラノイアでは象徴機能は働かず、素材は再び分解してしまう。これをフロイトは「パラノイアは分割し、ヒステリーは圧縮する」と簡潔に表現している。

シュレーバーの迫害妄想との闘いは、最終的に「シュレーバーが神の女になり、没落した世界を新たに創造する」という誇大的な妄想へと結実する。自我の障害は著しく、もはや現実は失われている。シュレーバーはいまや妄想世界の中で、「神の光線」を受胎し、新たな人間たちの誕生を待ち望む。フロイトは、シュレーバーの「神の光線」に、自我へと撤収されるリビード備給の端的な表出を読み取っている。またシュレーバーの頭の上にいる「チビ男たち」を、「子供と精子の圧縮に由来する現象」と解釈している。

シュレーバーの妄想には、自ら子供を産むという主題も含まれている。すでに述べたように、彼は長年、子供ができないことに悩んでいた。神経症者の場合なら、それは幻想として語られる（実際、私が診た男性ヒステリーの例では、不妊であることに悩み、あるエピソードを機に全生活史健忘に陥ったが、回復過程で、自分の頭から子供が出てくる幻想を語った）。[16] 一方、シュレーバーにおいては、「神の女」として、「神の光線」によって、受胎し、「チビ男たち」を産むという願望充足的な妄想が形成される。

（4）精神病においては、対象から剝奪され、自我に向けられた大量のリビードは身体感覚を著しく変容させる。これは自我の形成と身体イメージが結びついているゆえに当然のことともいえる。本章の最初に述べたように、混沌とした欲動の流れに「形を与える」のが一次ナルシシズムであり、個体は一次ナルシシズムの備給を受けることによって、起源的な自我を形成する。自我の形成については、次の章で詳しく論じるが、それは基本的には知覚に起源を持つ心内形成物であり、何よりも現実検討とリビードの流れを拘束する役割を果たす機関である。この自我に大量のリビードが入り込むことによって、リビードの鬱積した自我は、より早期の自我の発達段階へと退行する。パラノイアの場合は、対象愛の段階まで発達していた自我は、ナルシシズムの段階まで退行し、自我は脆弱化し、現実検討能力を失う。このさい、失われた現実を代償する形で、パラノイアでは、言語連関が事物連関より優位な様式で妄想が形成される。言語それ自体が持つリビードを統制する働きと、妄想の現実の代償機能が、パラノイアにおける人格の崩れを穏やかなものにしている。

しかし、統合失調症においては、ナルシシズムの段階より以前、すなわち自我の形成以前の段階へと退行が進む。もはやここでは自我によるリビードの拘束も、言語による現実の回復の試みもない。

統合失調症者の身体は、リビードの渦になり、身体（自我）への過度のリビード備給は、不快、さらには苦痛に満ちた享楽を引き起こすことになる。このような身体に自閉した享楽の病である統合失調症は、別の形で自己に閉じた享楽の技術であるマゾヒズムと奇妙な親和性を持つとも言える。この点については、第六章で改めて論じることにする。

Ⅳ 二つの精神病論

一九一〇年代のフロイトにとって、精神病（ナルシス神経症）とは、二次ナルシシズムによって引き起こされた自我の障害である。対象から撤退したリビードは、自我の機能障害を引き起こし、自我は現実検討の機能を失い、現実の代償としての妄想が出現する。自我は現実対象（治療者）へとリビードが備給できないため、転移が成立しない。それゆえ、ナルシス神経症は転移神経症とは異なり、分析治療は不可能である。「シュレーバー論」は、このような理論的背景のもとで書かれている。これは、ナルシシズムという問題設定から生まれた精神病論である。しかし、フロイトには、ナルシシズムとは直接の関係がない精神病論の萌芽がある。それがこれから述べる「もう一つ別の」精神病論である。

フロイトは「シュレーバー論」を書き上げた後は、精神病に関する言及は少なくなる。これは彼が、ユングと決別した後、精神病院で実際に精神病患者を診ている精神科医との交流が乏しくなったことが影響しているだろう。また第一次大戦後に、彼が精神分析家の養成に力を入れるようになったことも無関係ではない。精神分析の技法論は、『メタサイコロジー論』とほぼ同時期に完成しており、転移が起こらないナルシス神経症は精神分析の適応外ということで、理論的な「結論」は出ていた。しかし、フロイトの思考はこの「結論」から少しずつ逸脱していく。

「シュレーバー論」の出版から一〇年以上経った一九二四年に、フロイトは「神経症と精神病」「神経症および精神病における現実喪失」という短いテクストを二つ書いている。この時期にフロイトはすでに第二局所論を完成していた。第二局所論の観点から見ると、「神経症は自我とエスの葛藤から生じるが、精神病は自我と外界との葛藤から引き起こされる」[17]と簡潔に整理している。そして「神経症は現実を否認せず、現実について何も知ろうとしないだけだが、精神病は現実を否認し、現実を代替しようとする」[18]（強調は引用者）と述べる。この二つのテクストでフロイトは、ナルシシズムという欲動の動きから精神病を論じようとはしていない。では、どのような観点から、彼は精神病を考えるようになったのだろうか。

精神病においては現実の喪失が起こるという点に関しては、この二つのテクストと「シュレーバー論」の間に違いはない。だが、この二つのテクストでフロイトは、精神病を二次ナルシシズムが生み出した病としてではなく、現実の知覚の否認が引き起こす病と考えている。例として、フロイトは、『ヒステリー研究』の症例エリザベート・フォン・Rを挙げる。彼女は、自分の義理の兄を愛していたが、姉の臨終の床で、「彼と結婚できる」という考えが浮かんだときに、ヒステリー性の疼痛が生じる。ヒステリーでは義兄に対する愛情を抑圧し、症状によって現実の変化を無効にするが、精神病なら姉の死という事実を否認するだろうと、フロイトは述べる。精神病の機制は、あくまで現実の知覚の否認の方に重点が置かれている。さらに、精神病においては、想起痕跡、表象、判断などと現実の間でそれまでに生じていた心的沈殿物を用いて、現実を（幻覚的に）改変する試みがなされることに、彼は関心を向ける。精神病者は「自己改造的（autoplastisch）なのではなく、世界改造的[19]（alloplastisch）」なのである。

二つの短いテクストで提示されたこのアイデアは、その三年後の「フェティシズム」で、より先鋭化された形で論じられる。フェティシズムは、女性（母親）のファルスの不在の否認である。フェティシストは女性がペニスを持たないことを知覚するが、その知覚的事実を否認する。そしてその場所に彼の特別なフェティシュを置く。フェティシュは、去勢の恐怖に対する防衛装置である。このように知覚的な現実を否認し、別の現実を作り出すフェティシストに、フロイトは精神病と同じ機制を認めている。私たちは前章で、フロイトの倒錯論には、ヒステリー―両性性―去勢コンプレクス―フェティシズムというファルスを中心としたものと、強迫神経症―肛門サディズムの退行―欲動の能動性・受動性―サディズム・マゾヒズムという欲動を起点としたものの二系列があることを導き出したが、「シュレーバー論」以降に徐々に浮かび上がってきた精神病論は、この前者の倒錯論の影響のもとに理論化がなされている。ここから次のように定式化を行うことも可能だろう。フロイトの精神病論には、「シュレーバー論」に代表される、ナルシシズムという倒錯が起点となって構想された精神病論と、フェティシズムという倒錯を起点にした精神病論がある、と。そして後者の精神病論は、遺稿となった最晩年の「防衛過程における自我分析」と、「精神分析概説」のⅧ章で、その輪郭がより明確になる。

先に述べた去勢の知覚を否認することによって、自我は自らを守る。しかしこの否認は自我にとって無害なものではない。この否認は、自我分裂（Ichspaltung）を引き起こす。自我分裂によって、自我は現実に対し、二つの「分裂した」心的態度を取るようになる。ここで、フロイトは、パラノイアの一例を挙げて、その患者の心的世界には、「妄想に支配された部分」と「妄想に支配されていない部分」があったが、妄想は、「妄想に支配されていない部分」によって訂正された、とフロイトは報告している。一般に自我分裂によって二つの心的態度が生まれる。一つは「現実を考慮する正常な態度」、もう一つは「欲動の影響のもと、自我を現実から切り離す態度」である。この二つは互いに並存していて、病像はこの両者の相対的な強さに依存している。後者が強ければ、精神病的心性は顕著となり、前者が強ければ、精神病心性は消失する。

フロイトはここで重要なことを述べている。「精神病問題は、自我の現実からの離反が完全なものならば、単純でわかりやすい問題だが、それは稀にしか起きないか、もしかしたら全く起きていないのかもしれない[20]」。「シュレーバー論」でフロイトは、自我が現実から完全に切り離されると述べたことを考えれば、これは大きな立場変更である。フロイトは、あらゆる精神病に自我分裂が起きていると考える。とすれば、精神病にも「現実を考慮する正常な心的態度」が残っているということになる。「シュレーバー論」では、精神病は分析治療ができないということが理論的な「結論」であった。一方、この精神病論からは、精神病はその「正常な部分」を取り扱うことによって、分析治療が可能だという帰結が引き出せるのである。[21]

二つの精神病論を論じるさいの難しさは、「対象から剝奪されたリビードが自我へ向かう」という場合の自我と、「自我分裂」で論じられている自我が厳密には同じ自我ではないという点にある。前者の自我は、エネルギーを拘束し、自己の成立を可能にする心的装置としての自我であり、後者の自我は人格としての自我である。フロイトの自我概念は、一九一〇年代と二〇年代では、大きな変遷を遂げている。私たちは、しばしばフロイトの自我を自明なものと考えているが、この自我概念ほどフロイト理論の中で、多義的で理解することが困難なものはない。次の章では、フロイトの自我概念を改めて検討することにしよう。

第四章　自己という装置

自我は何よりもまず身体−自我であり、ただ表面的存在であるだけでなく、その表面の投影されたものである。

――『自我とエス』（一九二三年）

自我（Ich＝私）というドイツ語の日常会話で最も頻繁に用いられる語を、フロイトは自らの理論的記述に用いていたが、この語はその後きわめて多義的に用いられ、一九一〇年代、二〇年代を通して、精神分析固有の概念として異なった観点から再定式化されている。前章で、私たちは一次ナルシシズムが起源的な自我を形成することを論じた。しかし、そこで取り上げたのは「ナルシシズム論」の頃の自我概念である。それは、「心理学草案」の時期の自我概念とも、『自我とエス』（一九二三年）で自我概念の総決算として提示されたものとも異なっている。フロイトの自我は、複雑で矛盾を孕んだ概念であり、これを統一したものとして把握することは難しい。精神分析の辞書として定評のあるジャン・ラプランシュとＪ－Ｂ・ポンタリスの『精神分析用語辞典』でも、自我の項目に最も頁が割かれていることに、このあたりの事情が端的に表れている。

『自我とエス』ではまた、自我から派生する審級として超自我という概念がはじめて用いられる。これによって、無意識―前意識―意識からなる第一局所論に、エス―自我―超自我からなる第二局所論が上書きされ、フロイトの自己論が完成している。[1] 超自我は自我の一区分であり、自我がエスから超自我を生み出すと、とりあえずは要約することができるが、超自我もまた錯綜した概念である。フロイト自身、超自我については「その謎めいた性格」を強調し、『自我とエス』の後に書いた短いテクスト「ユーモア」においても、「超自我の本質についてはまだまだ学ばなければならない」[2] と述べている。フロイトの構想の中で未完に終わったものは幾つかあるが、超自我はそのなかでも重要なものの一つである。

第二部は、フロイトの一九一〇年代の歩みに限定して、論を展開する予定だったが、自我概念は一九二〇年代の第二局所論の構築のさいに練り上げられているゆえに、私たちの議論もおのずと一九二〇年の「転回」を跨いだものとならざるを得ない。本章ではまず、自我を中核にして作り上げられたフロイトの自己論を二つの観点から捉え直すことにする。前半では、前章の課題でもあった自我概念の生成過程を検討する。自我はその形成過程において、他者の刻印を残している。フロイトは他者に同一化することによって自我が被る変容を、「自我変容」(Ichveränderung) と呼んだが、私たちはこの自我変容という概念に着目して、フロイトの自己論の重要な側面を浮き彫りにしようと思う。

もう一点は、超自我と現実の関係についてである。フロイトの第二局所論では、外界あるいは現実を考慮するものが自我という判断機能を受け持つ審級であり、エスおよび超自我は外的現実よりも、願望や幻想、理想や道徳など内的（心的）現実に関わる審級とされている。自己は外界や現実に関わるだけではなく、生物にとっては余計とも言える内的（心的）現実にも関わっている。これは人間が他の生物とは異なった条件のもとで生きているということであり、まさに超自我という審級を持つことによって、人間は他の生物とは根本的に異なった形で、現実と関わり、生きている。であるならば超自我という審級は人間の生存の条件をどのように規定し、さらには人間にどのような可能性を与えているのだろうか。本章の後半では、この点について考えてみたい。

I　自我の生成

自我は精神分析理論の出発点に位置するゆえに、どのように自我を定義するかということは、理論の方向性を決定する重要な問題である。しかし、フロイトの自我概念は最初に述べたようにきわめて多義的であり、どの時期のどのような面に焦点を当てるかによって、自我の理解は異なってくる。アンナ・フロイトをはじめとする自我心理学は、自我の防衛機能や適応機能に着目し、フロイトの後期の自我概念の一部を掬い取り、理論の土台とした。

また、ラカンも自らの「フロイトへの回帰」の出発点において、自らの自我理論を構築している。ラカンにとって自我は、鏡像段階において、鏡に映った自らの身体像に、主体が自己疎外的に同一化することによって形成される実体に他ならない。この自我理解は、「ナルシシズム論」の時期のフロイトを、ラカンがアンリ・ワロンの発達論とヘーゲル哲学を参照しつつ、独自に再解釈したものである。このように解釈することで、ラカンにおいては、無意識の「主体」と自我が区別され、自我はあくまで「主体」に付随する二次的なものとして取り扱われる。

ラカンの精神分析に典型的に見られる、現代の西洋哲学の潮流をなすこのような主体の特権化を、ジャコブ・ロゴザンスキーは「自我殺し」と批判している。(3) ロゴザンスキーによれば、ラカンの考えには身体像への同一化を支えている身体的運動や、自我の発生における触覚的契機への着目がない。また自我はあくまで他者に依拠した自己疎外の形でしか現れず、そこには自我が内在的な仕方で自らに自らを与えるという発想もない。この点において、ラカンの自我理論は、フロイトに忠実ではない。フロイトの方向性を正当に評価するためには、精神分析を自我へと再中心化することが必要だと彼は提唱する。彼はそれを自我分析と呼び、その試みによって、身体運動やリズムの重要性、身体の触覚的知覚から生じる「身体—自我」などが新しい意味を持つことになると言う。

ロゴザンスキーの自我分析は、哲学的な試みであり、そこに具体的な臨床的視点を見いだすのは難しい。しかし、フロイトの自我概念が持つ広がりを評価するという論点は、現代の臨床家にとっても参考になる。ここで、私たちは改めてフロイトの自我概念を次の三つの時期に分けて、再検討することにしよう。フロイトの自我概念は最初はおおまかに人格の総体という意味で用いられているが、「心理学草案」の時期にそれは独自の概念として定義されている。次に「ナルシシズム論」の時期に、初期とは異なった新たな自我概念が形成される。最後に「喪とメランコリー」で示された「失われた対象への同一化」という観点から構築された自我概念がある。そして、最後の自我概念は『自我とエス』でも引き継がれることになる。このそれぞれの自我を順に見ていくことにしよう。

では、「心理学草案」における自我概念はどのようなものだろうか。「心理学草案」においてフロイトは初めて自らの自我概念というものを明確にしている。そこではニューロンとその興奮量という神経学的・エネルギー論的仮説に基づき、人間のあらゆる心的現象を把握することが試みられている。このモデルで、ニューロンは、φ（透過性）、ψ（非透過性）、ω（知覚―意識）の三つから成り、興奮量の流れは、ニューロンの通道の度合いによって決められると想定されている。これは序章で述べた初期のフロイトの方法、つまり神経心理学モデルに依拠した方法の代表例である。

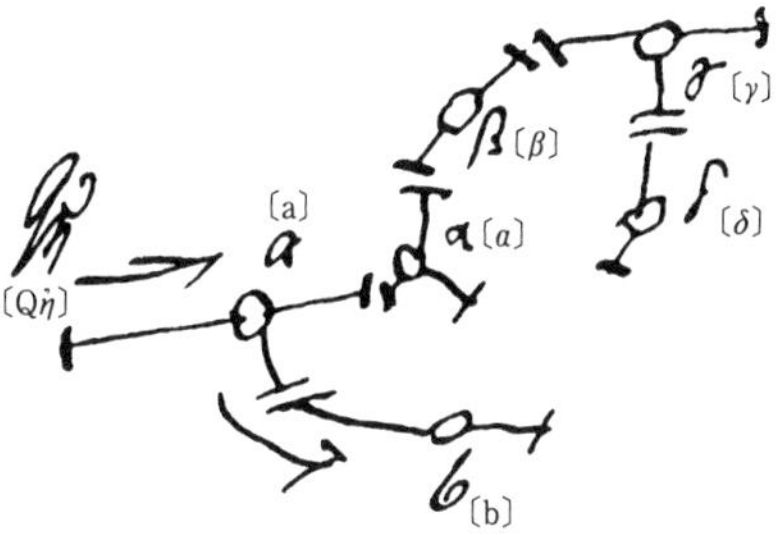

図2

このモデルで、フロイトは自我を「備給され、互いによく通道し合っているニューロンのネットワーク」と定義している。そして、自我を図2のように思い描いている。(4) Qή（興奮量）は、外部から、aへと侵入し、bへと向かおうとする。しかし、自我組織（a―α）に流れるエネルギー量に影響され、bへの流れは妨げられる。このように、自我とは興奮量（エネルギー量）の流れを抑制する働きを持つ。

生命活動の次元から、フロイト読解を試みるラプランシュは、この「心理学草案」の自我を個体としての生命活動を可能にする重石と考えている。(5) ラプランシュによれば、生命とは生成しては消滅する流れだが、自我はこの流れにエネルギー論的な沈殿を生み出す。つまり、自我はニューロンのネットワークの中でもより高いエネルギーが備給された組織であり、この高エネルギーの組織が自由に荒れ狂う生命エネルギーの循環を抑制し、安定させる重石として働くのである。自我がなければ、自己は生命の荒波の中にのみ込まれ、消え去るしかない。

さらに、このような自我が導入される生物学的な必然として、フロイトは外的現実と内的現実の区別を重視している。外的現実とは外部知覚である。では、もう一方の内的現実とは何だろうか。順に説明していこう。フロイトによれば、子供は一人で欲求を満足させられないという起源的な「寄る辺なさ」(Hilflosigkeit)という条件のもと、この世界に生まれ落ちる。子供はその生誕のときから、他者(母親)を必要とし、他者からの「特殊行為」(spezifische Aktion)の媒介によって、充足体験を得る。そして、子供の心的世界はこの充足体験に基づいて編成されていく。この充足体験は、後に新たな欲求があらためて生じたときに、過去の充足体験の記憶痕跡を活性化し、知覚と同じ強度を持つ幻覚を生み出す。この際に、自我は幻覚と外部の知覚を区別し、内部起源の偽現実(幻覚)を制止する。この制止機能が、外的現実と内的現実の区別を可能にする。これがフロイトが現実検討と呼ぶ機能である。現実検討とは現実に対して、近似的に接近することではなく、内部の興奮に由来する偽現実と、外的現実を瞬時に区別する機能である。

「心理学草案」の自我が、興奮量の制止機構であり、その中心的な機能が現実検討とすれば、「ナルシシズム論」の時期の自我概念はこれとは大きく性質を異にしている。この時期は、欲動論の観点から、自我の起源と発達が論じられている。前章で、私たちは、混沌とした自体愛的欲動が最初にあり、それに「形を与える」一次ナルシシズムの働きが加わり、自我という心的機能が発生すると述べた。「ナルシシズム論」で、自我概念を凝縮した形で定義しているのは、次の一節である。

自我に匹敵する統一体は個体のうちに初めから存在しているわけではない、と仮定する必要がある。自我は発達して初めてできあがるものである。これに対して、自体愛的な欲動は最初から存在している。したがって、ナルシシズムが形作られるには、ある何ものか、つまり何らかの新たな心的作用が自体愛に付け加えられねばならないのである。(6)

「心理学草案」での自我は、個体の生存を可能にするものであり、「最初から」存在している。しかしここでの自我は、発達して初めて形成されるものである。この「早期の」自我の生成はいささか謎めいた過程である。この点については、「ナルシシズム論」ではこれ以上の説明がないために、もう少し輪郭を明確にするために、「ナルシシズム論」の前後のテクストを参照してみよう。

「心的事象の二原理に関する定式」(一九一一年)というナルシシズムを導入する前のテクストでは、ナルシシズム概念を明確に定義することなく、フロイトは快へと向かう快自我と、現実を考慮する現実自我を区別している。このテクストの註には、「心理学草案」の最初の他者(母親)に関する次のような言及がある。(7)……最初の他者の世話は、乳児に幻覚的な満足を経験させる。しかし、この満足は永続しない。それゆえ、幻覚という方法によって満足する試みを心的装置は放棄し、現実の実態を表象し、現実の変革を目指すことを決断する。それによって、もはや快のみを表象するのではなく、たとえ不快であろうとも現実が表象されるよう心的装置は働くようになる……。フロイトはこれを現実原理と名づけている。

「ナルシシズム論」の後に書かれた「欲動と欲動の運命」（一九一五年）では、快自我と現実自我がナルシシズムとの関係において再度論じられている。ナルシシズムの段階で優位な自我は快自我である。「早期」の発達の段階で、自己保存欲動がたどるさまざまな経験の結果、自我は外界から対象を得るが、自我はそれが快を感じる場合に受け取り、不快を引き起こすものは自己から追い出してしまう。このテクストでは、「心的事象の二原理に関する定式」での記述とは逆方向に、すなわち最初に客観的な認識によって外界と内界を区別していた「最初の現実自我」が、快の特性を優先する快自我に変わることに関心が向けられている。ちなみに、このテクストにも、最初の他者（母親）についての記述があるが、そこでは他者の世話が、「寄る辺のない」状態にある乳児のナルシシズムの段階を人工的に長引かせ、乳児の現実自我の発達を阻止すると述べられている。(8)

「早期の」自我の発達に関するこれらの記述をまとめるなら次のようになる。自我は、自体愛にナルシシズムが加わることによって形成される。そのさいに自我は単一のものとして発達するのではなく、快自我と現実自我の編成体として発達していく（快自我の起源は性欲動にあり、現実自我のそれは自己保存欲動にある）。そして、この発達過程は、自我独自の動きによって進むのではなく、そこに他者が関与している。この他者は、自我の編成を現実自我を優位にするように関与することもあれば、快自我が優位になるように、つまり自我の発達を阻止するようにも働く場合がある。このような自我概念、すなわち自我が快自我と現実自我の編成体であり、現実自我の部分を大きくすることが、自我の成長過程であるというフロイトの考えは、ビオンをはじめとする現代の精神分析に広く受容されていると言えるだろう。

Ⅱ 同一化と自我変容

フロイトの自我概念は、一九一〇年代から二〇年代にかけて大きく変貌を遂げる。これが先に述べた「喪とメランコリー」から『自我とエス』に至る自我概念である。この自我概念の基礎となる機制は「喪とメランコリー」における「対象選択が同一化に置き換わる」というメカニズムである。メランコリーについては、前章で少し述べたが、この機制はフロイトの自我概念を理解するうえで重要なので、必要最低限なことだけを再度述べておく。

「喪とメランコリー」で、フロイトはメランコリー患者が示す激しい自己非難の言葉に注目している。このような批判が患者の人格に当てはまることは稀で、そのような特徴の多くは患者が愛する人、かつて愛した人、愛そうとして愛せなかった人に該当する。「自分のようなできそこないの女と結婚して、あなたが可哀想だ」と言う妻は、実際は、夫ができそこないだと非難しているのである。自己への非難の言葉は、もともと愛する対象に向けられる非難だったわけであり、それが方向を変えて自己に向けられたのが、メランコリー患者の自己非難であろうとフロイトは述べている。

このような患者の観察事実から、フロイトはメランコリーの発症のメカニズムについて次のような仮説を立てる。患者は、その生の中で、様々な対象選択を行っている。そしてその時々に、リビードを特定の人物に固着させている。ところが愛する人から侮辱されたり、失望を味わわされたりすると、この愛する対象との関係が揺らいでしまう。普通ならば、このリビードは別の対象へと移されるのだが、メランコリーにおいては、このリビードが自我に引き戻されてしまう（二次ナルシシズム）。そして、この自我に引き戻されたリビードは、断念した対象と自我とを同一化するために使われる。すなわち対象選択は同一化へと代わる。自己は、対象に対する憎しみを、対象と同一化した自我へと向きかえ、罵倒し、苦しめるのである。

フロイトがメランコリー患者の分析で発見したこの機制は、「一九二〇年の転回」の後に『快原理の彼岸』に始まる心躍るような新たな意欲を持って開始した思考の歩みを引き継ぐ論考[9]である『自我とエス』において、自我の形成のさいに決定的な役割を果たすものとして、大きな意味を持つことになる。『自我とエス』の最初のI、II節では、第一局所論（無意識―前意識―意識）のどこに、自我を位置づけることができるかという問いに頁が割かれている。自我はエスの一部であり、エスが外界からの影響によって変容したもので、無意識、前意識、意識のすべての領域にまたがっている。自我の核は、意識および前意識であり（しかも自我の大部分は無意識である）、その最も重要な機能は現実検討機能に基づく、エスと外界との調停だ、というのが『自我とエス』におけるフロイトの自我の定義である。

Ⅲ節で、自我のなかの一区分としての超自我を論じる段になって、フロイトはメランコリー患者における、対象選択が同一化に置き換わるという機制に改めて注意を促している。そして「同時にわれわれにはまだ、この過程の持つ十全な意義が見抜けていなかったし、これがいかに頻繁かつ典型的なものであるのかも分かっていなかった」と書いた後に、この機制こそが自我の形成に大きく関わり、一般に性格と呼ばれているものを作り上げる役割を果たしていると述べている。ここで性格と呼ばれるものは、「かつて断念された対象備給の沈澱したもの」であって、自我には「対象選択の歴史が刻み込まれている」のである。そして、この機制で生じる自我の変化のことを、フロイトは自我変容（Ichveränderung）と名づけている。

エスは対象に対し、リビードを備給する。しかし対象は自我の欲求を必ずしも満たしてくれるわけではない。自我はしばしば対象からの拒絶にあう。そしてその対象を断念する過程において、自我の一部は対象と同一化する。つまり対象と同一化し、自らが対象そのものになることによって、自己は対象を手に入れるのである。フロイトはこのような例として、恋愛経験の豊富な女性の性格形成と、多重人格という現象を挙げている。恋愛によって、対象の理想化と失意を繰り返している女性には、過去に愛し、別れた男性の特徴などが、性格特徴の一部となっていることがある。また多重人格においては、自我の一部が対象と強く同一化し、それが自我が別の対象と行った同一化とあまりに隔絶化しているために、自我の統一が取れず、複数化してしまっている、とフロイトは指摘している。このような例で典型的に示されるように、自我の形成とは、同一化した対象の（自己内部への）沈殿過程なのである。そしてこのような同一化は自我のみならず、自己全体を変化させる。それゆえフロイトが自我変容と呼んだ過程は、正確には自己変容と呼べるだろう。[10]

ところで、自己を形成するこのような同一化の中でも、とりわけ重要なのは、個人にとっての最初の同一化、つまり幼年期の両親（父と母）への、直接的かつ無媒介的な同一化である。この同一化はあらゆる対象選択に先立つ一次的同一化であり、対象選択の前史に属している。超自我はこの同一化（一次的同一化）によって生じる。[11] 自己の形成においては、超自我が両親への一次的同一化によって生じ、自我変容はその後の対象選択の歴史の中で起こると、フロイトは考えている。さらに彼は超自我とその後に起こる自我変容の関係を、幼児期の一次的性段階と思春期以降の性生活に喩えている。この超自我については、後に改めて論じることにしよう。

私たちは、第二章（II節）でエディプスコンプレクスの形成過程を、去勢コンプレクスと人間の両性性という観点から説明したが、エディプスコンプレクスを抑圧した後の性格の変化（自我変容）は、対象選択が同一化に代わるという機制でより明快に説明できる。子供の両性性、すなわち男性性と女性性は、それぞれが、陽性、陰性エディプスコンプレクスという二つの対象選択の形を取る（合計四つの組合わせがある）。そして、エディプスコンプレクスの克服により、父－対象、および母－対象の断念が生じることによって、父と母への「何らかの形で差し引き合算され一つへと束ねられた」[12]（強調は原著者）二つの同一化が生じ、その個人の男性性、女性性の程度が決められる。そしてこのような過程を経て生じた自我変容は、特権的なものとして自己の中に位置するのである。

ここで自我変容という概念について、さらに詳しく検討しておこう。自我変容という概念は、フロイトの幾つかのテクストに断片的に出てくる程度で、厳密には論じられていない。[13]「それは漠然と名づけられた概念」であり、その内容に立ち入るなら「あまりに問題にすることが多く、それについて答えることができる点はあまりに少ない」とフロイト自身が、この概念を論じることの難しさを嘆いている。結局のところ、自我変容という概念はフロイトの理論体系の中で明確な位置を持つことなく、彼が着手したものの、形成途中で終わった概念なのである。この概念が用いられているテクストの中でも、概念内容が比較的明快なのは、『自我とエス』と、「終わりのある分析と終わりのない分析」(一九三七年)である。しかし、その概念内容はこの二つのテクストでは大きく異なっている。

『自我とエス』で取り上げられている自我変容とは、繰り返しになるが、対象選択が同一化に代わることによって自我が変容する過程のことである。しかしフロイトはこのような過程だけによって、自我が変容すると考えていたのではない。彼は一方で、自我はその生の中で「経験を経ることによって、自らを豊かにしていく」とも述べている。このメカニズムについてフロイトはほとんど述べていない。だが、自我変容を単に「対象選択の断念の歴史」という観点からのみ考えるのは、自我のあり方を一面からしか見ていないことになる。自我は対象選択および同一化という過程からではなく、外界、対象、自己内で生じる様々な経験からも自らを変容させていく。前者を同一化という「減算による自我変容」と呼ぶなら、[14]後者は経験という「加算による自我変容」と呼ぶことができる。自我はこのような、減算と加算によって、自らを変容させていくと考えるべきである。

『自我とエス』で捉えられている自我変容が、自我形成の初期に焦点を当てているとすれば、「終わりのある分析と終わりのない分析」で取り扱われる自我変容とは、エディプス期以降における自我変容を論じている。このテクストでの自我変容とは、ほぼ自我の防衛機制のことを意味していると言っていい。自我は、外的な現実あるいは内的な現実の認識が不快を及ぼす場合、自我変容を起こすことによって、その現実との関わりを変えようとする。この変容の度合いは、神経症的レベルから、精神病的レベルまでと幅広いが、「どのような人もある一部分においては精神病者の自我に似ている部分がある」とフロイトは指摘している。さらに彼は、自我変容の多様性を示すために、キリストと同時代に生きた歴史家であるフラウィウス・ヨセフスの著作がたどった運命との類比から自我変容を論じている(15)。

フラウィウス・ヨセフスの著作には、最初、イエス・キリストに関して、その後のキリスト教徒が気分を害する箇所が多く含まれていた(16)。そして数々の方法によって、有害な箇所を取り除かれたのではないかとフロイトは推測する。一つは気に入らない箇所を削除して読めなくする方法である。そうすれば、その箇所はもう書き写すことができなくなり、その本を次に書き写す者はもはや何の咎めもない本文を得ることになるが、そこには幾つかの脱落箇所があって、もはやその箇所は理解できないものとなっている。あるいは別の方法としては、ある文章を別の文章に置き換えたり、新たな文章を挿入することなどにより、本文を歪曲してしまう仕方がある。そして、最善の方法は、ある部分すべてを削除してしまい、そこに反対の内容の文書を入れ替えるというやり方である。そうするとその本を次に書き写す人は、疑いの余地のない本文を作ることができるが、それは実は完全な偽文となっている。そしてその場合、それをもとの文に修正しようとしても、もはや真実が何であったかわからなくなってしまっているのである……。ここでフロイトは、書物を棄却することを抑圧の喩え、それ以外の歪曲方法をその他多くの防衛機制のアナロジーとして示している。これはいかにもフロイトらしい卓越した比喩だが、このような数々の形を取って現れる改竄の中に、フロイトは自我変容の多様なあり方を読み取っている。

フロイトが構想した自己にとって、最も優先されることは、自らの一貫性を保つことと、現実認識がもたらす不快を回避することである。そして、そうした目的のために自我変容が起きる。それゆえ、このような形で形成された自我変容を転移という形の中で正確に認識し、より確かな現実認識へと向けられた、「実りのある自我変容[17]」へと向けることが分析治療の目標であると、このテクストでは治療論にまで論を広げている。

Ⅲ　超自我の形成

超自我概念をフロイトが初めて提示したのは『自我とエス』だが、超自我の構想はこの二〇年代になって唐突に出現したのではなく、「ナルシシズム論」で用いられた自我理想という概念を、一〇年近くかけて練り上げることによって生まれたものである。一九一〇年代にフロイトのメタサイコロジー的探究は、欲動論、対象論、自己論など幾つかの方向性において大幅に変遷を遂げており、そこでの概念の錯綜と論点の捻じれが、フロイトの理論の展開を正確に把握することを困難にしている。

「ナルシシズム論」において、フロイトが挙げる自我理想の例には次の三つがある。まず最初に挙げられているのが、失われた一次的ナルシシズムの代理としての自我理想である。幼年期においては自分が自分の理想であった。しかしそれが失われるや、新たな理想の対象を見つけ、その対象にリビードが備給されたものが自我理想である。そしてこの理想形成という過程こそが抑圧を生み出すのである。第二に挙げられているのが、注察妄想の患者の例である。このような患者は自分がある別の審級によって、観察されている、監視されていると訴える。このように自己の意図を観察し、読み取り、批判するような力にフロイトは自我理想の一つの出現を見ている。そして最後に、両親の批判の影響(後の時期には、教育者など周囲にいる無数の人々の影響)によって形成された良心が自我理想の範例として挙げられる。この批判はもっぱら声として自己に伝えられるのが特徴である。フロイトは、この良心というものの存在を、両親の批判を自己が身体化し(Verkörperung)、後には社会の批判を身体化することによって形成された「検閲する審級」と考えている。

フロイトがここで挙げている三つの例は、『自我とエス』で提示した超自我の概念にもすべて当てはまる。議論の精度を問わないならば、自我理想と超自我という二つの概念はほぼ同じことを意味していると考えることもできる。それは実際、フロイト自身が、この二つの概念をしばしば混同して使っていることからも明らかである。しかしフロイトの理論の形成過程を問題にするならば、この二つの概念は、その背景となっている理論体系や、理論化のさいの着眼点や力点の置き方が、大きく異なっているために、全く別のものとして考えなくてはならない。この二つの概念については、フロイト以降に数多くの分析家が、自らの理論的立場に依拠しつつ、区別を行っている。例えば、アーネスト・ジョーンズは自我理想を形成するのはもっぱら意識であるのに対し、超自我を形成するのは無意識であると述べ、ヘルマン・ヌンベルグは、自我は自我理想に愛されるように従うが、超自我には罰されないようにふるまうと論じている。またメラニー・クラインは、超自我の残忍な面、理想自我の理想化という機能にとりわけ焦点を当てて、自らの臨床実践にこれらの概念を用いている。一方、ラカンは、超自我と自我理想の区別よりも、自我理想（Ichideal）と理想自我（Idealich）の区別に重要な理論的問題を見いだし、彼独自の観点から理論を展開している。

私たちはここでは、フロイトの理論構想における論点の変化に注目して、この二つの概念の根本的な違いを考え直してみようと思う。自我理想という概念を構想していたさいの、フロイトの関心はリビードの経済的問題にあった。リビードはまず自我に備給され（自我リビード）、その後対象へと備給される（対象リビード）。自我リビードと対象リビードは収支においてバランス状態にあるというのが、フロイトが想定したリビードの経済論的法則である。パラノイアや心気症においては、対象へのリビード備給が撤回され、自我リビードの鬱積が起こる。逆に、恋着（Verliebtheit）においては、対象へのリビード備給が高まり、自我へのリビード備給は下がる。パラノイアや心気症においてはナルシシズムが充足するのに対し、恋着においてはナルシシズムは失われる。このように相反する状況において、自己は外部から押しつけられた理想にリビードを備給し、その理想を実現することによって、再びナルシシズムを確保しようと努力する。リビードの経済論の観点から見るならば、自我理想とは、失ったリビードを確保するための媒介となる対象と考えることができる。

一方、超自我という概念を創造するさいのフロイトの関心は、欲動論の総決算としての自己論（第二局所論）の構築に向けられている。そしてその理論構築のさいに、フロイトは自我理想という概念を暫定的に超自我と代置可能な概念として用い、エス、自我と並ぶ一つの審級とする。そして、いったん超自我という概念が導入されると、自我理想と超自我の二つは、異なった性質を持つ概念として用いられるようになる。(18) では、新たに導入された超自我という概念は、自我理想とどのように違っているのだろうか。私たちは、次の三つの点がその本質的なものだと考える。

第一は、自我理想と超自我の欲動に対する関係の違いである。自我理想は欲動を方向づけ、抑圧する機能を持つのに対し、超自我は欲動と結合する。したがって、自我理想と欲動とは対峙する関係にあるのに対し、超自我と欲動とは深く結びつき、超自我自体が欲動的な性質を帯びているという点である。

次に、自我理想と超自我が、自我とどのような関係を持つかという点である。超自我は、両親という強力な対象を内在化して形成されたものであるゆえに、自我に対する支配権を行使する。子供が以前は両親の強制のもとにあったように、自我は超自我の絶対的な命令に服従する（自我の依存性）。超自我の厳しさは、子供の両親に対する依存性と両者の力の圧倒的な非対称性に由来している。(19) 自我理想は自我の憧れであり、両者の間に支配関係はない。

そしてもう一点は、自我理想が対象としての性質を維持し続けるのに対し、超自我は対象化することが困難なほど、自己の「内部」に位置していることである。フロイトは、超自我がエスの奥深くに潜り込んでいて、「知覚─意識系から遠く離れている」[20]と書いている。したがって、自我の現実検討機能は、超自我に対しては働きにくい。ここから想定できるのは、自己は超自我を内在化することによって、外的現実とは独立した別の現実を作り出すということである。このような別の現実の構成には、次の二つのものを考えることができる。例えば、超自我が引き起こす罪責感は、しばしば現実検討を欠いたものである。超自我は死の欲動がもたらす攻撃性を汲み上げ、自我を攻撃する。この残忍な超自我の攻撃によって、患者は罪責感を持つ必要がないにも拘わらず、罪責感に支配されて生きている。これは超自我が形成する現実構成の一つである。一方、これと対照的な超自我によるもう一つの現実構成としては、ユーモア的精神態度を挙げることができる。ユーモリストは外的現実を俯瞰するもう一つの現実の中に自己を置いている。

自己は超自我という審級をも含めて自らを形成するゆえに、人間は外的現実だけではなく、自己が生み出す別の現実とも関わる存在として作り上げられる。そして、このような現実との関わりの複数性のなかに、人間の生物としての特殊性があると考えていいだろう。

Ⅳ　自己のテクノロジー

現実との関わりにおいて人間を考える場合に、フロイトが好んで取り上げた二人の人物がいる。一人は神経症者エディプスであり、もう一人は英雄モーセである。フロイトが構築したエディプスとは、自らの内的現実を探究することによって、運命と和解した人間である。そしてフロイトはエディプスの歩みに、神経症者が分析経験を通過することによって、新たに現実へと向かう姿を重ねていた。一方、モーセはユダヤ民族の解放者であり、立法者である。彼はユダヤ民族が置かれた外的現実を、超人的な意志の力で変えたのである。

エディプスは内的現実を見据えることにおいて、そしてモーセは外的現実に立ち向かうことにおいて、それぞれ極点にまでたどり着いた人間である。フロイトは「神経症と精神病における現実喪失」で、健康であるということを、「神経症と同じく現実を否認しないが、また精神病と同じく現実を変えようとする態度」（強調は引用者）であると定式化しているが、このフロイトの考えに従えば——前者は神経症的で、後者は精神病的と言うことができる。だが、いずれもその現実との関わり方は悲劇的であるという点は共通している。とするなら悲劇的であるということは人間に課せられた不可避な条件なのだろうか。心的現実や外的現実を見据えながら、悲劇的ではない、現実との関わり方というものはありえないだろうか。フロイトはこの二つのタイプとは別に、もう一つ、現実への異なった関わり方も論じている。それがユーモアに見られる態度である。

フロイトは『自我とエス』の四年後に、「ユーモア」という短いテクストを書いている。彼はそこでユーモアを、超自我を媒介に生じる、威厳を備えた滑稽さだと定義している。彼がユーモア的態度の例として挙げるのが、月曜日に絞首台に引かれていく罪人が、「ふん、今週も幸先がいいぞ」と言ったという話である。ユーモアに関して、フロイトは、『機知――その無意識との関係』（一九〇五年）では、感情の抑制と放出という観点からすでに論じている。つまりこの罪人を見ている人は、彼が悲愴な姿を見せるだろうと思って待ち構えているが、罪人が冗談を言うことによって、その心構えに費やした感情が笑いになって発散されるとフロイトは考えた。そこではユーモアが感情のエネルギー経済の観点から考えられていた。しかし、「ユーモア」というテクストにおいては、それとは別の観点からユーモアの問題が論じられている。このテクストは短いわりに複雑な構造を持っているが、その論点は主として次の二つに絞ることができる。

絞首台に連れて行かれるときに、「ふん、今週も幸先がいいぞ」という罪人は、自分が置かれている外的現実から逃れている。そして、この科白を言うことによって、悲壮な現実とは別の現実を作り出している。このように不快を与える現実から遠ざかり、別の現実を作りだすという点において、ユーモア的態度は精神病的である。フロイトもユーモア的態度が、人間が自分を苦しめる現実から逃れるために、心的機能が編み出した神経症的退行から精神錯乱に至る方法の系列（狂気の系列！）に属していることを認めている。しかしユーモア的態度が、自らの精神的健康の土台が保たれているという点が、これらの病気との大きな違いであることも強調している。しかもこの土台となる精神的健康とは、単なる健康ではなく、並外れた健康なのである。だが、そもそも生物としての人間にとって、絞首台に連れて行かれるさいに、そのような科白を言うことは現実を考慮していないばかりか、余計なことである。しかも、その態度を見た者は、その崇高さに影響を受ける。では、このようなユーモア的態度は、どのような自己のメカニズムに基づいているのだろうか。

この点について、フロイトはテクストの後半において次のように説明している。それは「ユーモリストその人が心理的アクセントを自我から引き上げて、それを超自我の方に移転するという点にある。このように膨張した超自我にとって、大人からみて子供の悩みがそうであるかのように、自我の怯えや悩みなど取るに足らないような小さなものに映る。またユーモリストの人格の内部における自我と超自我の配分がこのように新たなものになったなら、超自我としては、安んじて自我の外界の現実に対する反応可能性を抑止してしまうこともできるかもしれない」[21]（強調は引用者）。

そもそも超自我とは、自我の両親への同一化によって形成されたものである。そして、この超自我は、自己の形成過程の中でエスと結びついて独自の位置を持つようになる。それは破壊的で残忍で口やかましい、内的な法として働く。しかし、フロイトが「ユーモア」で読み取っているのは、そのような法や規範として働く超自我ではない。フロイトは、ユーモア的態度が、自我と超自我の配分を超自我の方に移すという方法（これを私たちは自己の技法、あるいはテクノロジーと呼ぼうと思う）によって可能になるという。つまり自己全体の心理的アクセントを、自我から、両親への同一化によって生じた超自我という独自の場所に大幅に移してしまうのである。そしてこの「技法」によって、ユーモリストの自我の外的現実への反応可能性は抑止されてしまう。これは自己の心的機能が著しく高まった状態である。そしてまさにこのような超自我への依拠こそが、ユーモリストの精神病的な態度を作り上げているのである。

ユーモア的態度を可能にするのが、超自我への絶対的依拠であるならば、そこには当然、父（両親）に対する絶対的な信頼があるだろう。この点においてユーモア的態度は、フロイトが大洋感情と呼んだ、宗教感情に基づく現実に対する態度とも類似している。しかし、神を信じることによって現実の悲壮さを克服する態度は、ユーモア的態度とは正反対のものである。神という外部（超越者）に自己を委ねてしまうなら、もはやそこにユーモアはない。そのような超越者に依拠することなく、フロイトが新たに定義し直した超自我を介した自己のテクノロジーによって、新たな現実を作ることにこそ、ユーモア的態度の本質が宿っている。そしてこのような自己のテクノロジーを用いることができるとき、私たちは人間であることの運命（アナンケー）を、威厳を持って乗り越えているのである。

第三部

死の欲動の衝撃

第五章　「子供が世話される」

たった一つの症例ですべてを知ることはできないし、その症例ですべての決着をつけることはできないと肝に銘じなくてはならない。
――『ある幼年期神経症の病歴より』（一九一八年）

一九一〇年代のフロイトの欲動論は、一五年の「欲動と欲動の運命」で、完成形にまで到達する。そして、この論考を基礎にした『メタサイコロジー論』は、彼の欲動論の総決算となるはずであった。しかし、この理論化の過程で、彼のなかに攻撃性や悪の問題に対する強烈な探究心が芽生えてくる。フロイトの歩みは、円熟や完成などとは無縁である。「思考の赴くままに、その歩みに身を委ね、前に進んでいけばよい」（『快原理の彼岸』）と彼は幾度となく書く。そして、『メタサイコロジー論』までに形成していた欲動論の「体系」を放棄し、新たな方向へと歩み始める。さらに二〇年代には、フロイトは自らが作り上げた精神分析「体系」を別のものへと大胆に作り変えるのである。

臨床家であれ、思想家であれ、自ら形成した「体系」を放棄し、新たに理論を構築することなど、一生のうち何度もできることではない。だが、二〇年のフロイトの「転回」とは、まさにそのような性質のものである。しかも彼は、自らがかつて生み出した発見や知を、台無しにしかねない厄介な問題に執拗に立ち向かう。この時期のフロイトの思索には、知的発見のさいにともなうはずの幸福感があまりない。フロイトの文章は、自分に残されているであろう年月の短さから来る焦燥や、身体的不調による不機嫌さに満ちている。

フロイトの最後の症例報告は、一九二〇年の「女性同性愛の一例」である。そしてその前年に「子供が叩かれる」という論考が書かれている。フロイトは、この時期を境に、秘密保持の観点から、それ以降は一切症例を発表しなくなる。したがって、フロイトの「後期」と私たちが呼ぶ時期には、症例報告はない。これはフロイトが臨床から離れたということではない。幾つかの伝記や調査によれば、一九二〇年代でも、フロイトは週六日、一日七、八時間は患者を診ていた。(1) とはいえ、この時期のフロイトの著作は、『制止、症状、不安』や「終わりのある分析と終わりのない分析」など、臨床的総括となるような大著はあるものの、そこに寝椅子での経験をもとに、理論的思索を深めていくフロイトを具体的に想像するのは難しい。

最後の二つのテクストのなかでも、「女性同性愛の一例」は、症例ドーラに典型的に示される心的両性性と対象選択という「初期」のヒステリーの問題系を引き継いだ論考である。一方、「子供が叩かれる」というテクストは、攻撃性やマゾヒズムの主題を取り扱ったものであり、このテクストは「後期」に位置すると考えることができる。しかもこのテクストは、臨床素材をもとにどのように理論を構築していくかという分析家フロイトの仕事ぶりが、手に取るようにわかる点で、きわめて貴重である。

「子供が叩かれる」については、すでに第一章で、私たちは「症例ドーラ」を再解釈するさいに参考となる幻想として、その概要を述べた。本章では、このテクストを、第三部の中心的テーマとなるマゾヒズムとの関連で論じることにする。さらにはフロイトの考察を参照しながら、私がある患者の分析で経験した「子供が世話される」という幻想の解釈を試みる。それによって、フロイトとは別の仕方で、個別症例から普遍的な理論を構築してみようと思う。

I 「子供が叩かれる」再考

最初に、繰り返しになるが、「子供が叩かれる」というテクストを簡潔に要約しておこう。「ヒステリーや強迫神経症のために精神分析治療を求めてくる人々のなかに、「子供が叩かれる」というイメージを幻想したことがあると告白する患者は、驚くほど多い」と、フロイトはこの一九一九年の論考の冒頭で書いている。そして、この奇妙な幻想を持った女性患者を分析することによって、この幻想が、次の三つの段階を経ることを報告している。

（1）お父さんが私の嫌いな子を叩く。

（2）お父さんが私を叩く。

（3）子供が叩かれる。

フロイトがここで重視するのは、この第二段階である。この第二段階は自然に語られることはなく、分析によってはじめて構成される幻想だと彼は論じている。これはマゾヒズム的な幻想であり、患者は強い快を覚える。ここから彼は、マゾヒズム的な快の起源がエディプス願望の性愛化であり、神経症もマゾヒズムもエディプス段階が起点となって起きる病理であることを帰結として引き出している。

このテクストを英国クライン派を代表する分析家であるドナルド・メルツァーは、フロイトの「新しい思考様式を具体的に表現するもの」と評価しつつも、「ひどく複雑で、根拠も理解しにくい」と当惑を隠さない。[2] 第一章で私たちは、この幻想を神経症者の倒錯的幻想として理解した。そして、神経症（ヒステリー）患者は、この幻想の中心となる「叩かれる場面」に傍観者的立場を取り続けるが、倒錯者はその「場面」に能動的に関与するだろうという仮説を提示した。

一方で、この幻想はもう一つ別の解釈も可能である。それはこの幻想をマゾヒストの幻想として捉え、この幻想の変遷からマゾヒズムの発生を読み取ることである。ところで、第二章で、強迫神経症に見られるサディズムとマゾヒズムを論じる際に、私たちは「欲動と欲動の運命」というテクストに見られるサディズムからマゾヒズムの変換を参照した。「子供が叩かれる」という幻想の変換は、そこでの変換と同様の形で解釈できる。[3] それは次のようになる。すなわち「子供が叩かれる」という幻想の（1）は、攻撃的な性質を持つが、性的な意味でのサディズムではない。（2）で、攻撃性は自己へと方向転換し、自体愛的な契機を経て、性的な意味でのマゾヒズムが出現している。（3）は、幻想の形式はサディズム的だが、この幻想で得られる満足はマゾヒズム的なものである。

だが、この一連の解釈では、マゾヒズムはサディズムが反転して生じるものと考えられており、サディズムから独立した一次的なマゾヒズムというものは想定されていない。二〇年代の重要な発見の一つが一次マゾヒズムの存在とすれば、この解釈はいまだ一〇年代のパラダイムに留まっている。すなわち、マゾヒズムは「反転したサディズム」でしかないのである。

「子供が叩かれる」は、フロイトの論文の中でもとりわけ錯綜した構造を持ち、しかも論述が曖昧なゆえに、とっつきにくいものの一つである。何にもましてこの論考の理解を阻んでいるのは、「子供が叩かれる」という幻想が、その後の分析家には全くと言っていいほど経験されなかったということが大きい[4]。フロイト自身の経験数も、女性四人、男性二人で、この幻想が主症状であったものは、おそらく一、二例である[5]。ここから普遍的な理論を構築するのが困難であったことは容易に推測がつく。

本章で試みようとするのは、この幻想の文献学的な考察ではない。かつて私は、自らの臨床のなかで「子供の世話をすることを想像すると、興奮を覚える」という患者に出会い、その幻想を「子供が世話される」幻想と名づけた[6]。そして、分析作業の際に、フロイトの「子供が叩かれる」幻想を参照することが、治療の進展に役立った。この章では、その分析経験から学んだこととの理論化を試みようと思う。

「子供が世話される」という幻想も、「子供が叩かれる」と同様にきわめて稀な幻想と言える。私自身のケースも二例しかない。しかし、一例については数年にわたる治療関係を持ち、幻想の内容とその変遷を詳細にたどることができた。もちろんこのような稀少例から、客観的な整合性を持つ理論を構築することは難しいが、臨床事象にできる限り忠実に定式化を試みることにする。そして、さらに視点を広げて、人間のセクシュアリティの生成と、その形成様式について考察を深めてみようと思う。

Ⅱ 「子供が世話される」

私たちは、「生き方がわからない」と漠然とした訴えの女性患者の分析治療を行う過程で、きわめて稀だが「子供が世話される」という幻想を訴える人に出会うことがある。この幻想は治療を始めて、数カ月から一年の期間がたって、強い羞恥心とともに語られる。一人の患者は最初、乳児の尿や便の世話（おむつ交換）をすることを想像すると、性的な興奮を覚え、自慰をしてしまうということを、曖昧にぼかした形で話した。患者は、倒錯行為（小児性愛）は興味がなく、あくまで幻想することによって生じるイメージが、患者にとっては性的興奮の源泉となっている。

このような幻想を持つ患者には幾つかの共通の特徴がある。それを列挙するなら次のようになる。（1）いずれも女性である。（2）実の母親との関係は濃密であり、母親からの自立ができていない。（3）子供と関わる仕事をしている。（4）三〇代後半で、子供を産むかどうかの選択に迫られている。

さらに、この幻想は治療過程のなかで、いずれも同様の特徴的な変遷をきたした。まず最初に「子供の世話をすることを想像すると、興奮を覚える」ということが語られる。これを第一段階と呼ぶなら、この段階で、患者はこの幻想を思春期の後半から持っていたと回想する。

第二段階では、「小さい頃、母親に排尿の世話をされたときに、恥ずかしかったが、快感があった」

ということが語られる。これはまた「先生の前で子供のように振る舞い、世話をされていることを想像すると気持ちがいい」という告白をも伴う。つまり、この第二段階における幻想の変化は、治療者の前で寝椅子に横たわっているという具体的状況、および転移によって、引き起こされたものである。(7)この段階の、乳児期の回想は、想起不可能な時期の話であり、患者が分析の中で事後的に「作り上げた」と考えられる。第二段階では、患者が感じている快は第一の段階より強いものになっている。

第三段階では、「子供が世話される」という幻想は、もはや排泄場面に限定されず、母親と子供のやり取り全般が、快を与えるものとなる。例えば、広場などで、小さい子供を連れた親子連れが遊んでいるのを見ると、その場面のイメージ（場面そのものではない）が患者にとって快を引き起こすものになる。患者は傍観者の位置にいるのが特徴的で、先の二つの段階と比べると、患者が感じる快は弱く、心地がいい程度のものになる。以上の幻想の変遷をフロイトに倣って要約するなら、次のように定式化できる。

（1）私が子供の世話をする。

（2）母（治療者）が私の世話をする。

（3）誰かが子供の世話をする。

さて、このように定式化を行った後で、「子供が世話される」という幻想の性質と起源について検討を加えてみることにする。この幻想を持った患者の治療経験において、私が疑問を抱いたのは次の三点である。つまり、この幻想の起源はどこにあるのか、この幻想はなぜ変化するのか、そしてこの幻想は性倒錯者の幻想なのか、という点である。

まずこの幻想の起源は、症例の検討から早期の濃密な母子関係にあると推測された。この幻想がきわめて稀なのは、幻想の素材となる経験が、あまりにも患者の早期の経験（言語的記憶以前）に根ざしていることに起因しているだろう。患者はいずれも女性であり、自らが子供を産むかどうかという状況に置かれたときに、この幻想は活性化されている。おそらく男性がこのような幻想を持つことはないと思われる。というのも、男性が仮に乳児期に母親から過剰な世話を受けていたとしても、それを事後的に（たとえ幻想という形であっても）再び想起させるような身体内的な契機が、女性に比べ乏しいからである。一方、女性は、出産、授乳、乳児の世話のさいに、自らが母親から「世話された」という身体的記憶を再想起する契機がある。

次に、この幻想の変化については、どう考えることができるだろうか。まさにこの点に関して、フロイトが「子供が叩かれる」幻想について行った考察が、参考になる。フロイトはこの変化があたかも発達によって生じた現象であるかのように記述している。しかし、実際には、フロイトはこの幻想の変遷を、分析関係の中で解明したのであり、この幻想は治療経過の中で、（3）（子供が叩かれる）から（1）（お父さんが私の嫌いな子を叩く）へと変化し、彼はそれを改めて発達過程のなかに置き直したと考えられる。すなわち、患者はフロイトのもとを訪れたときに（3）の幻想を語り、治療過程のなかで（2）（お父さんが私を叩く）の幻想を語り、治療の後半になって（1）の幻想を語ったのだろう。（3）から（1）に向かって、幻想における快感が減少したのも、患者が幻想のなかの倒錯的な快感から抜け出して、「現実」に立ち戻ったからである。

「子供が世話される」という幻想を持つ患者においても、分析の進展とともに、快は減少している。私が分析治療を行った例では、（2）の強烈な転移の時期を適切に取り扱うことで、患者の内的世界には大きな変化がもたらされた。フロイトの「子供が叩かれる」幻想も、（2）の時期は、「最も重要で、また重大な結果をもたらすのは、この第二の局面である」と彼は書いている。しかし彼は、この第二段階の幻想があくまで分析によって構成された幻想であり、「現実には存在しなかった」とやや歯切れの悪い言い方をしている（フロイトがこの幻想のマゾヒズム的な性質を、曖昧な表現で述べるのは、この幻想を最も詳細に語ったのが、彼の末娘であるアンナであったという特殊事情のためであろう）。それはともかく、幻想の変化が分析治療による治癒過程を示したものであることは確かなように思える。

最後に「子供が世話される」という幻想と性倒錯との関係についてはどうだろうか。フロイトは「子供が叩かれる」という幻想を倒錯的幻想として考察している。しかし、彼はあくまで強迫神経症者に見られた倒錯幻想を分析したのであり、この幻想を持つ人を性倒錯と診断したわけではない。フロイトのこのテクストは、この幻想を倒錯的幻想とも、神経症的幻想とも読める余白を残している。私の患者の場合、患者の幻想は最初は明らかにマゾヒズム的な性質のものに思えた。しかし、治療の進展のなかで、この幻想は患者の神経症的な生活史の中に、しっかりと場所を占めるようになった。そもそも性倒錯的な幻想は固定したものであり、この幻想のような可塑性を持たない。また患者の「倒錯性」とはあくまで幻想の水準に過ぎないという意味でも、この幻想は神経症者の幻想である。

だが、このように疑問点を取り除いたとしても、曖昧な点が残る。彼女らはなぜこのような「倒錯的」幻想を抱くのだろうか。彼女らが幻想で表現しているのは、乳児期に母親から世話による「誘惑」を受けたという、現実にあったともなかったとも判断のしようのない次元の事柄である。「子供が叩かれる」という幻想が、エディプス期における父親からの愛（誘惑）が問題になっているとすれば、ここで問題となるのは、エディプス期以前の母親からの愛（誘惑）である。また、そのような「誘惑」が性的な興奮を引き起こすという事態をどう考えればいいだろうか。このような問いを前にして、満足できる答えを導きだすには、フロイトの次の記述に着目するしかないと思われる。

> 世話をする人と交流することは、子供にとって、性源泉からこんこんと湧き出る性的興奮と満足の源泉である。その理由として特に挙げられることには、その世話する人――たいていそれは母親だろう――が、子供に対して自分の性生活に由来する感情をも与えており、優しく撫でたり、キスをしたり、揺らしたりと、子供を何か性対象として十分通用するものの代替物としていることがはっきり見て取れる。(8)

フロイトは、一八九七年に、神経症の原因が父からの性的誘惑にあるという誘惑理論を放棄したが、母からの「世話」という形での誘惑という考えは、本格的に理論化することなく保持し続けていた。それは、『性理論三篇』のこの箇所にも読み取れる。フロイトが漠然と構想をあたためていた「母からの誘惑」というテーマに着目し、より拡大された「一般誘惑理論」を構築したのは、フランスの分析家ジャン・ラプランシュである。[9] ラプランシュは、フロイトの誘惑理論が父からの誘惑という事実性に基づいて理論化がなされているのを批判し、親と子供の構造的な非対称という条件が誘惑幻想の基礎になると論じた。構造的な非対称とは、子供はセクシュアリティの外部にいるのに対し、親はすでに大人のセクシュアリティの世界にいるという非対称と、子供は生物学的な無力さのために親の世話を絶対的に必要とするという二つの非対称である。[10] そしてこのような構造的条件のもとで、子供は親（とりわけ母親）の世話を媒介にして、大人のセクシュアリティを自らの中に導入するのである。

私たちは「子供が世話される」という幻想を分析するなかで、ラプランシュの一般誘惑理論にたどり着いた。ラプランシュは、フロイトの読解を通じて、フロイトの理論的枠組みを更新する論点を提示している。私たちは、「子供が世話される」という幻想をより深く理解するために、少し迂回となるが、ラプランシュの一般誘惑理論の基礎となる彼独自の欲動理論を検討することにしよう。

Ⅲ　依託の時間性とセクシュアリティの生成

フロイトが一九一五年の『メタサイコロジー論』の構想のさい、欲動を精神分析の基本概念に据えたという点は、第三章で述べた。フロイトは、欲動の中でも根本となる「原欲動」として、性欲動と自我欲動（自己保存欲動）を挙げる。この二つの欲動は、対立する二つの欲動と考えられている。そしてその後、ナルシシズム概念を導入することによって、この二元論的対立が破綻をきたすことになる。

だが一方で、フロイトは、性欲動と自我欲動の二つが対立するだけではなく、相互に密接に依拠しながら発達していることにも注目していた。それを彼はAnlehnung（寄りかかること〈依託〉）という言葉を使って表現している。例えば、「欲動と欲動の運命」において彼は、「性欲動は最初に出現する際には、まず自我欲動に依託するが、徐々にその欲動から離れる。しかしながら、対象の発見の過程に際しては、自我欲動が指し示す道筋をたどる」と書いている。すなわち、性欲動は自我欲動と対立する形ではなく、自我欲動という非性的な欲動に依託しつつ、形成されるのである。

依託のプロトタイプは「おしゃぶり」という行為にはっきりと見て取れる。子供が摂食のために乳房を吸うのは、生命維持を目的とする自我欲動（自己保存欲動）である。ここに本来、性的な快はない。しかし、おしゃぶりという行為のなかで、乳房や温かいミルクの流れによって、唇や舌に興奮が生じる。この興奮は、当初、摂食行為のなかで生じているものであるゆえに、それが空腹によるものか、快によるものか区別がつかない。ところが、そのうち子供は空腹の対象であるミルクよりも、おしゃぶりという行為の快を求めるようになる。このさい、すでに自我欲動に依託しながら、性欲動が生まれている。性欲動から見るなら、ここにもはや空腹の対象はなく、おしゃぶりという快の対象しかない。そして性欲動と結びついた行為としてのおしゃぶりは、まずは乳房よりも、自分の身体の一部を吸うという自体愛的な方向へと向かう。そしてその後、性欲動は自我欲動が向かっていた対象である乳房を今度は性対象としてそこに欲動の充足を求める。このようにして口唇性のセクシュアリティが誕生する。

依託の動きが生じるのは、性源域である口唇、肛門、尿道、性器などだが、フロイトは性的興奮の出発点は皮膚領域すべてであり、さらに内臓器官を含むすべてであると『性理論三篇』で述べている。自我欲動をあらかじめ生物学的に固定された行動様式とするなら、人間の性欲動は依託の動きによって、セクシュアリティを生み出し、セクシュアリティは自我欲動に規定された人間の生物学的な機能を逸脱させると言えるだろう。

ジャン・ラプランシュは、フロイト以降の分析家がほとんど注目することのなかった依託という動きに焦点を当て、精神分析理論の更新を試みている。(11) 彼は、依託の本質を、性的なものが非性的なものに寄りかかりながら生まれ、非性的なものから切り離されるという欲動の動きとその固有の時間性に見ている。そして依託の時間性を三つの段階に分けている（この時間は、時系列に沿った時間ではなく、「事後性」を孕んだ時間である）。

先ほどの口唇欲動について、依託の時間性を説明すると次のようになる。第一段階では、自我欲動（自己保存欲動）は乳房という機能的対象を持っている。ここにはまだ性欲動の出現はない。第二段階では、性欲動が出現し、それは自我欲動に依託しつつ形成され、セクシュアリティを生み出す。これによって、機能的対象が失われるが、性欲動は固有の対象を持たないため、自体愛へと方向転換する。そして第三段階では、機能的対象の派生物として性的対象が生まれ、性欲動は新たに性的対象へと向かう。この三つの段階の定式化によって、私たちは「対象の発見とは、本来再発見である」というフロイトの命題をより厳密に理解することができる。すなわち、失われた対象は機能的対象であり、それが性的対象として再発見されるときは、それは本来同じ対象ではあるが、もはや機能的対象ではないゆえに、発見とは常に再発見なのである。

ラプランシュのように依託の本質を、非性的なものから性的なものが生まれる動きと広くとらえるなら、これは欲動一般に当てはまる過程である。彼はさらにサディズムやマゾヒズムといった欲動の動きにも注目し、依託理論の応用を試みている。

フロイトが「欲動と欲動の運命」において、欲動の運命として「対立物への反転」、「自分自身への方向転換」、「抑圧」、「昇華」の四つがあることを指摘し、サディズムとマゾヒズムにおいては、「対立物への反転」という形式で欲動が変転していくことを論じたことは、先にも述べた。この変換形式の詳細については、第二章Ⅳ節および、本章の註(3)を参照してもらいたいが、ラプランシュはフロイトが定式化した(a)から(c)の段階を、先に述べた依託の時間性から次のように再解釈している。

フロイトは(a)の段階で「対象としての他人に対する暴力や力の行使」をサディズムと名づけているが、これは性的な意味でのサディズムではなく、あくまで非性的な攻撃性である(第一段階)。そして(b)の段階で、対象を失い、自分自身への方向転換を起こすと、自己への攻撃となるが、この自己への攻撃は自己の内部に「沈黙したまま」停滞する(第二段階)。その後に、(c)の段階で、他者へ向かう性的なサディズムと他者から虐められるという性的な意味でのマゾヒズムが生じる(第三段階)。このようにサディズムからマゾヒズムへの変転に関しても、先に述べた依託の時間性をそのままの形で適用することができる。

だが、そのさいに第二段階における両者の違いを見過ごしてはならない。先に述べた依託の動きでも、サディズムとマゾヒズムの変換においても、いずれも第二段階で、性的なものが非性的なものから生じている。前者の場合は、性欲動が自我欲動に依託して誕生し、さらに自体愛へと方向転換することによって、セクシュアリティが生まれている。一方、後者の場合は、攻撃性の自己への方向転換は、痛みを引き起こす。そしてこの痛みがある量的閾値を超えると、副次的作用として性的興奮が生じる。フロイトはこの痛みの副次的作用としての性的興奮を「共興奮」と呼び、性源的マゾヒズムの生理的基盤と考えた(12)。後者においても第二段階でセクシュアリティが生じているが、そこで中心的役割を果たすのは、欲動が自己に反転したさいに生じる自体愛的契機ではなく、痛みの副次的作用としての「共興奮」なのである。この性源的マゾヒズムの生理的基盤としての「共興奮」は、死の欲動と内在的な関係を持つが、この点については次章で改めて論じることにしよう。

ラプランシュの依託理論は、フロイトの欲動論を精緻に再解釈し、展開させたものだが、この理論を経由することによって、私たちが先に論じた「子供が叩かれる」と「子供が世話される」という二つの幻想はどのように理解できるだろうか。次に考えてみたい。

Ⅳ　人間のセクシュアリティの構成様式

フロイトが誘惑理論を放棄したのは、分析作業をどれほど進めていっても、誘惑という事実が、本当に体験されたものか虚構かということを判断できないからであった。これを契機に、彼は誘惑という事実よりも、患者の幻想へと治療の焦点を当てるようになる。さらに一九一四年の「症例狼男」の分析では、患者が両親の性交渉を見たという推測を支える「現実の地盤」がないということにフロイトは再度、理論上の壁に突き当たり、原幻想という概念を導入している。原幻想は、個人の経験や想像内容を超えて、主体の起源に位置する幻想である。彼はその例として「両親の性交渉の観察に関する幻想、誘惑に関する幻想、去勢に関する幻想」などを挙げている。[13] 彼が報告した「子供が叩かれる」という幻想は原幻想と呼べるものである。私たちは先に欲動の動きを依託理論から再解釈したが、幻想を分析するさいにも、同様の解釈を適用することができる（フロイトはそもそも欲動の動きを、幻想の分析に基づいて取り出している）。

「子供が叩かれる」という幻想は、先に述べたように（1）「お父さんが私の嫌いな子を叩く」（2）「お父さんが私を叩く」（3）「子供が叩かれる」という三つの段階を経る。私たちは、この段階をラプランシュに倣って、依託の時間性という観点から再解釈してみる。

第一段階は、フロイトが「これはかつて目にした出来事の想起かもしれないし、様々な機会に生じた欲望かもしれない」と述べるように、非性的なものである。また攻撃的ではあるが、性的な意味でのサディズム的なものではない。

第二段階は、父から得られる快の幻想を表していて、性的なものである。また、攻撃性は自己へと方向転換し、性的な意味でのマゾヒズム的なものとなっている。

第三段階は、幻想の形式は、サディズム的なものだが、この幻想で得られる満足はマゾヒズム的なものである。この段階では、幻想している主体は、この場面に対して傍観者的な位置にいる。フロイトはこの幻想の性的な性質を、エディプス願望の性愛化によるものと考えているが、依託の時間性の観点から見るならば、第一段階は非性的であるのに対し、第二段階において、攻撃性が自己へと方向転換したときに、性的な意味でのマゾヒズムが生じている。

この依託の時間性を適用するさいに、フェレンツィが「大人と子供の間の言葉の混乱」で述べた性理論を参照軸とするなら、この三つの段階の意味はいっそう明瞭なものになる(14)。フェレンツィは子供の前性的段階をやさしさの段階と呼び、この段階にある子供は親（とりわけ母親）のやさしさを幻想の中で求める。しかし、大人（とりわけ父親）は、子供が求めるものとは別種の情熱（セクシュアリティ）を子供に押し付けることによって、子供を苦しめることになる。子供の世界と大人の世界の接触のさいには、しばしばこのような攪乱が生じうる(15)。

「子供が叩かれる」という幻想の第一段階は、やさしさの段階である。エディプスの過程それ自体は、まず非性的で、自己保存の水準で展開している。それが第二段階で、親が「別種の情熱」で子供の世界に介入するなら、このような大人のセクシュアリティの侵入は、子供にとって「叩かれる」という痛みの体験となる。「叩かれる」というマゾヒズム的表象は、性的なマゾヒズムというよりも、大人のセクシュアリティの世界が子供に与える痛みと考えるべきなのである。

＊

私たちはここまで「子供が世話される」という幻想を理解するために、理論的な考察を重ねてきた。それでは、これまでの考察をふまえ、この幻想をどう解釈することができるだろうか。この幻想も主体の起源に位置する幻想ゆえに、原幻想と考えることができる。先に私たちは、この幻想を治療過程において出現する順に定式化したが、その段階を「子供が叩かれる」の場合と同様に、発達上で出現した（であろう）順序に並び替えるなら次のようになる。

（1）誰かが子供の世話をする。
（2）母が私の世話をする。
（3）私が子供の世話をする。

第一段階は、おそらくかつて目撃した出来事の想起であり、非性的なものである。これはやさしさの段階である。

第二の段階は、母の世話から得られる快の幻想を表していて、性的なものである。これは分析治療において、治療者への転移によって生じた段階である。この場合、転移によって幻想の中での自己への方向転換が起き、幻想は性的なものになっている。

第三の段階は、患者が子供の世話をするという、患者が近い将来、経験するだろう出来事の予期であり、それが性的な刺激になっている。この幻想の「倒錯性」はこの第三の段階で顕著である。

このように定式化してみると、この幻想では、母—患者—子供が登場人物となっている。この幻想を考えるさいに重要なのは、患者のセクシュアリティが、非性的な欲動の自己への方向転換によって、生じたものではないということである。それは、欲動の反転からではなく、自己の外部から、すなわち母の世話という介入（外傷）から生じている。患者の病理は、母から向けられたセクシュアリティを自己の内部に取り入れ、大人のセクシュアリティを構成できない点にある。そこには、患者の素質や母との密着（誘惑）という生活史が関係しているだろう。患者は母からの誘惑という世界のなかに留まっていて、大人のセクシュアリティの世界に入ることができない。「子供が世話される」という幻想は、（患者の）主体の位置を示す原幻想なのである。

この幻想を持った患者の一人の分析治療を、私は数年間、行った。治療の初期において、患者は母の誘惑の世界のなかに閉じこもっているように思えた。しかし、転移状況のなかで、幻想の方向転換（「私が子供の世話をする」から「母（治療者）が私の世話をする」への変換）が生じ、患者の幻想は治療者との関係性のなかに開かれることになった。そして、患者の内的世界を解釈することによって、次第に患者は母からの誘惑という「異物」を自らの中で消化していった。治療の後半では、患者の幻想はほとんど消失していた。彼女は現実生活の中で、生きている実感を得られるようになっていたのである。

*

精神分析家の日々の実践は、個別の症例から普遍妥当性の高い仮説を立てて、過去の理論が構成している枠組みの外に出ようとする模索の繰り返しである。この探究において、忘れてはならないのは、分析経験が理論を生み出すのであって、その逆ではないということである。もし分析家の日常の営為において、理論が経験を生み出すという円環が出来上がっているとすれば、その分析家にとって理論はもはや経験の展開を塞ぐものでしかない。

本章で私たちは、フロイトが論じた「子供が叩かれる」という原幻想と対比させる形で、臨床で出会った「子供が世話される」という幻想を分析し、さらにそこから人間がセクシュアリティを生み出す様式についての考察を行った。

最後に、人間のセクシュアリティの構成様式について、まとめておこう。フロイトは彼の理論を構築するにあたって、性欲動は自己保存欲動という生物学的機能に依託する形で、セクシュアリティを生み出すと考えた。人間のセクシュアリティは、快をもっぱら求めるという性欲動の「倒錯性」ゆえに、生物学的な目的から逸脱する。この逸脱したセクシュアリティを、現実という準拠枠に留めようとするのが自我の機能である。

フロイトは本格的に理論を展開することはなかったが、「子供が叩かれる」という「後期」の始まりのテクストでは、セクシュアリティにおける他者の先行性という論点が導入されている。すなわち、大人（他者）のセクシュアリティは、子供のセクシュアリティに先行している。子供は自らがセクシュアリティを形成するのではなく、大人のセクシュアリティの影響下で、自らのセクシュアリティを構成するのである。

子供にとって大人のセクシュアリティは魅惑するものであると同時に、恐怖を与えるものである。このようなセクシュアリティを前にして子供は絶対的な受動性に身を置くしかない。これを最も顕著に表しているのが、いわゆる「原光景」幻想である。両親の性交の光景を見せつけられ、子供は「狼男」と同様に、その場面を受動的な状態のまま、一方で快を覚えつつ[16]自分の中に導き入れる。これは病理を生み出す状況にもなりうるが、そもそもこの受動的な状況は人間がセクシュアリティに出会う根本的な様式なのである。人間は、セクシュアリティをマゾヒズム的な様式で自らの中に取り入れる。そして、それが病理的になるかどうかは、主体側の資質や大人のセクシュアリティが入り込む時期や状況によって決まると言えるだろう。

第六章　死の欲動とマゾヒズム

飛翔によって成し遂げられぬものは、足を引き摺りながら成し遂げなければならない。……聖なる書も言う。足を引き摺ることは、罪にはならぬと。
――アル・ハリーリー『マカーマート』

第一次大戦後のヨーロッパの文化的崩壊と経済的悲惨さを、フロイトと交流のあった作家シュテファン・ツヴァイクは回想録（『昨日の世界』）で、みずみずしく端正な文体で描き出している。戦後の食糧難、物不足、生活の逼迫などは長く続いたが、ツヴァイクによれば、ウィーンの経済状況が最悪だったのは、一九一九年から二一年までの三年間であった。人々は、生活の先行きに常におびやかされていたが、フロイトもその例外ではなかった。発想のエネルギー源である肉を食べることもできず、書斎は暖房がきかないため恐ろしく寒く、思索の道具である筆記具や葉巻も入手が困難になっていた。

この当時も、フロイトは一日一〇人の患者の分析を行っていた。その半数は、高額な治療費を払ってくれるイギリスやアメリカ、いわゆる戦勝国から彼のもとにやってきた医者の訓練分析である。この糊口を凌ぐ仕事のために、彼の思索を展開するための時間が削られていく。日に一〇時間、分析作業を行った後、夜になって、疲れ切った頭で理論的な仕事に取り組むのは、いくらエネルギッシュなフロイトであっても、容易なことではなかった。彼は二〇年の一〇月にはジョーンズに「仕事が学問を貪り食っている」と書いている。フロイトの思索と当時の生活を安易に結びつけるべきではないが、フロイトの二〇年の理論的「転回」がなされたときの時代背景は、一応理解しておいたほうがいいだろう。

序章で、私たちはフロイトの方法を初期、中期、後期の三つの時期に分けた。フロイトの理論は、このそれぞれの移行の時期において「転回」が生じている。これらの方法論の変化に共通するのは、それらがいずれも新たな基礎づけの試みだということである。初期には、精神分析を神経学的に、中期には、精神分析の基本概念を他の概念や臨床経験との関係において、基礎づける試みがなされている。そしてこの二〇年の「転回」においては、快原理という精神分析の基本となる原理を、量の観点から基礎づける試みがなされている。フロイトの歩みのなかでも、とりわけ二〇年の「転回」が注目されるのは、そこから引き出された死の欲動という概念が、多くの分析家の反発を引き起こしたからである。そして、この概念をどう受容するかという問題は、フロイト以降の分析家にとって、理論化のさいの試金石となった。

フロイトの伝記や書簡集を読むと、フロイトのこのような「転回」には、彼が「インスピレーション」と呼ぶものが必要であったことがわかる。初期には、「僕の心のなかは発酵し、煮立っています。新しいインスピレーションの到来だけが待たれます」(フリース宛て)、中期には「インスピレーションが私の脱皮を可能にしている」（フェレンツィ宛て）、後期には「草稿原稿ははかどった、あとは、インスピレーションを待つばかりだ。それがないと完成しない」（ランク宛て）と彼は手紙に書いている。(1) フロイトは、「転回」のさいには、書くことの不安と躊躇のなかで何カ月も過ごした。とりわけ『快原理の彼岸』の執筆のさいには、発表することによって、それまでの成果一切を危険に陥れてしまうのではないかという不安があった。しかし、いったんインスピレーションが生じると、それがすべての迷いを追い払い、短期間で一気呵成に論考を書き上げてしまうのである。

理論的な「転回」のさい、フロイトが必要としたもう一つのものは、思考の友人の存在である。フロイトは、自らの知的生活のどの時期にも、一人ではなく、二人で考えた人である。初期のフリースをはじめ、中期のユング、アブラハムなど、彼は心の中を打ち明けることができる対話者を持ったが、二〇年代の同行者は、フェレンツィである。フェレンツィは人間が経験する痛みというものに対して、人一倍強い感受性を持った分析家であった。二〇年にフロイトが扱った、死の欲動、マゾヒズム、分析の終結などの問題について、フェレンツィという思考の同行者がいなければ、フロイトは自らの構想をあれほど遠くにまで展開させることはできなかっただろう。本章では、このフロイトの二〇年代の歩みを考えてみたいと思う。

I　超越論的原理の探究

初期、中期のフロイトが、心的機能の根本原理とみなしたのは快原理である。これは『夢解釈』では不快原理と呼ばれていたが、「心的事象の二原理に関する定式」(一九一一年)で、はっきりと快原理として定義されている。では快原理とは何だろうか。意識―知覚系は、外界から来る刺激に対しては、さまざまな質の違いを感じ取ることができるが、自己の内界から来る刺激に関しては、刺激の増大と減少に伴った不快、快という質的な性質で感じ取るしかない。そして心的活動は不快を回避し、快を目指すというのが、快原理である。快原理は心的機能のあらゆる現象にあてはまるが、ヒステリー患者においては、本来快を感じるはずのところで、不快が引き起こされる。これは一見、快原理に反する現象だが、フロイトはこの現象を緻密に分析することによって、抑圧という「精神分析の支柱」となる機制を見いだしている(この点について、私たちは第一章で詳細に論じた)。

ここで注意しておきたいのは、フロイトが快原理を快、不快という質の原理と考えている点である。『夢解釈』では、刺激の増大と減少が、不快と快を引き起こすだろうと述べているが、量的なものと質的なものとの関係については明確にはしていない。フロイトは「欲動と欲動の運命」では、「不快の感覚が刺激の増大と、そして快の感覚が刺激の減少と関係しているという想定は、かなり曖昧なものだが、快―不快と心的生活に作用する刺激量の変動の関係がどのようなものであるかを解明できるようになるまで、私たちはこの想定の曖昧さを留保しておくことにしよう(2)」と、述べている。

後期フロイトの始まりを告げる『快原理の彼岸』というテクストは、快原理を質の原理としてではなく、量の原理として把握し、快原理の土台を見いだそうとする試みである。そのさいにフロイトは「重要な事柄になると常に依拠していた」(『自らを語る』)というグスタフ・フェヒナーの精神物理学ができる。

を参照している。この『快原理の彼岸』を、フロイトは主に二つの動機から執筆したと考えることができる。

一つは理論的動機である。第三章で述べたように、性欲動と自我欲動の対立というフロイトの欲動論の構図は、ナルシシズム概念を導入したことによって、理論的な混乱を引き起こすことになる。一九一五年の『メタサイコロジー論』は、この混乱のさなかに、欲動をはじめとする個々の概念を再び厳密に定義することによって、新たな土台を作る試みであった。しかし、この企てをフロイトは途中で放棄してしまう。『快原理の彼岸』は、『メタサイコロジー論』の目論見を継承し、別の形で土台を作ろうとする論考である。今度は、彼は欲動の作動原理である快原理をより一段掘り下げた点から見直し、理論化を試みている。

理論的動機のほかに、フロイトには明白な臨床的動機があった。『快原理の彼岸』では、「反復強迫」は快原理の埒外にあるように見えるとフロイトは書いている。「反復強迫」として挙げられているのは、外傷神経症者の反復夢、母親の不在を反復する(子供の)糸巻き遊び、転移神経症における過去の経験の反復などである。「反復強迫」は不快を繰り返すことであり、ヒステリー患者に見られるような「心的装置のある系においては不快だが、別の系では快になる」という性質のものではない。快原理の支配下にはなく、独立して働いていると思われる「反復強迫」をどう理解するかということは、当時のフロイトには切迫した課題であった。

ところが、現在私たちが『快原理の彼岸』を読む場合、このテクストの理論的(思弁的)側面の方にどうしても関心が向いてしまう。しかし、フロイトはこのテクストを執筆後一二年経ったときに、改めて当時を振り返って、この著作の思索の出発点が、あくまで臨床場面での驚きにあったことを強調している。すなわち、治療において抵抗を示す患者が、自分の抵抗について何も知らないという事態がしばしば起きるが、「その要因を探っていくと、驚いたことに、そこにはマゾヒズム的欲望の系列に属する強い懲罰欲求が見いだされる」（強調は引用者）のである。[3] そのために、患者は病気であり続けようとする。この臨床的現象を解明しようとする探究心が、彼の理論を先にすすめる原動力となったのである。

周知のように、『快原理の彼岸』におけるフロイトの「思弁」から、死の欲動という精神分析理論を根本的に刷新する概念が生まれている。死の欲動は二〇年代のフロイトの歩みを決定づける概念である。死の欲動については、膨大な二次文献と多種多様な解釈があり、その詳細には入らない。[4] ここではその中でも最も重要と思われる二つの解釈を引き合いに出して、私たちの議論と接続させることにしよう。一つはジル・ドゥルーズが『ザッヘル＝マゾッホ紹介』で提示した死の「本能」に関する哲学的解釈であり、もう一つはジャン・ラプランシュが『精神分析における生と死』で描き出した死の欲動の臨床的解釈である。まずは前者から考えてみることにする。

ドゥルーズは、『ザッヘル＝マゾッホ紹介』の前半で、フロイトのサド＝マゾヒズム「変換論」を批判するが、後半では『快原理の彼岸』でのフロイトの「思弁」を高く評価している。ドゥルーズの『快原理の彼岸』の読み方は、このテクストの論述の「跛行」に着目するのでもなければ、エネルギー論的観点から見たさいの論述の矛盾を指摘するものでもない。彼は、フロイトの「思弁」を超越論的原理の探究と捉えている。

「反復強迫」は一見、快原理に反する現象のように見えるが、外傷神経症者の夢は、不快な興奮によって破綻した刺激保護の破綻を修復する作用として働く。また母の不在という不快を反復する子供の糸巻き遊びや、転移による過去の反復なども、不快な興奮を拘束して、快原理を形成していく働きを担っている。すなわち、快原理ははじめから心的生活を支配しているのではなく、心的作用によって形成されるものである。では、この快原理という心的生活のすべてを統括する原則を生み出す土台となるものは何だろうか。このように原理の土台を探究する試みこそが超越論的探究である。

フロイトが挙げた「反復強迫」の例は主に外的刺激が問題となるケースだが、欲動のような自己の内側から生じる刺激の場合は、どう理解すればいいか難しくなる。欲動に関しても、快原理の支配は貫徹されている。だが、それを可能にしているものは何だろうか。フロイトはここで「欲動とは、より以前の状態を再興しようとする、生命ある有機体に内属する衝迫である」と言う(5)。欲動も緊張の低下を指向する快原理に従い、自らの興奮(緊張)を「できる限り低く、あるいは少なくとも一定に保とうとする」。緊張の増大が生であれば、緊張の低下は死である。ここから快原理の一段下で働いている死の欲動を、フロイトは想定する。

死の欲動(タナトス)は、超越論的審級に位置するゆえに、生の欲動(エロス)と混ざり合った形でしか経験世界には出現しない。フロイトは『自我とエス』のなかで、死の欲動と生の欲動の結合と分離を、欲動の混交と脱混交（Mischung-Entmischung）という概念で理論化している。[6] 生の欲動との結合は、死の欲動の現前化の条件である。一方、生の欲動と混ざらない純粋な死の欲動を、ドゥルーズは死の本能（instinct）と名づけ、区別している。[7] これは経験世界には出現しない「沈黙する超越論的審級」である。

ドゥルーズはこのようにフロイトの超越論的探究の試みを捉えている。ドゥルーズの『快原理の彼岸』をめぐる議論でもう一つ重要なのは、フロイトの中性的エネルギーに関する彼の独創的な見解である。[8] フロイトがナルシシズム概念を導入することによって、自我に撤収されたリビードと自我リビードの区別が困難になり、理論的な混乱をきたしたことを、私たちは第三章で論じた。ナルシシズムは、性欲動と自我欲動の対立構造を破綻させてしまい、この混乱が一〇年代のフロイトの歩みを特徴づけている。ところで、「ナルシシズム論」で、彼はすでに（性的）リビードと自我リビードの移行形態としての「中性的エネルギー」という観点を提示している。だがこの観点は、ユング的なリビードの一元論に陥る可能性があるゆえに、展開されないまま、結論は保留されていた。そして、約一〇年後に、生の欲動と死の欲動の二元論が確立された後に、フロイトは「もはや中性的エネルギーという仮定なしには一歩も進めないところまできた」（『自我とエス』）と述べ、中性的なエネルギーが脱性化されたリビードであり、その移動性の高さゆえに、快原理のために働くと結論づける。すなわち、中性的リビードは、緊張を高めるエロスの攪乱を手なずけ、緊張を下げる死の欲動に奉仕すると明言するのである。この中性的エネルギーは、生の欲動と死の欲動の対立においては、死の欲動を構成するエネルギーとなる。
ドゥルーズはフロイトの中性的エネルギーを巡る一連の議論から、死の欲動の発生を理解する可能性を示唆している。すなわち、タナトスの問題系は死の欲動を想定して終わるのではなく、さらに死の欲動の発生も考えるべきなのである。ドゥルーズによれば、この点において、フロイトの越論的原理の探究は不徹底である。(9) もっとも、フロイトは『快原理の彼岸』では、そこまで「思弁」を徹底する必然性を感じていなかっただろう。ナルシシズム概念の導入によって生じた混乱が、欲動論の更新によって、ひとまず解決を見たことで、十分だったのである。

II　恒常性原理とゼロ原理（涅槃原理）

次に、より具体的にフロイトのテクストを検討するために、ラプランシュによる死の欲動解釈を検討してみることにする。ラプランシュは、彼の主著『精神分析における生と死』で、『快原理の彼岸』の批判的読解を行っているが、そのさいに死の欲動の発見に中心的な役割を果たした三つの要素を提示している。

第一の要素は、「欲動と欲動の運命」以降、フロイトが繰り返し記述している、欲動に内在する固有の弁証法である。「欲動と欲動の運命」では、彼はこれを三つの段階に分けて、サド＝マゾヒズムの変換論として記述している。第一の段階は、外に向けられる非性的な攻撃性（サディズム）である。第二の段階では、これが「自分自身への方向転換」を起こし、自己身体（自体愛）を経ることによって、性的なマゾヒズムとなる。さらに第三の段階で、性的なマゾヒズムは性的なサディズムとして外に向けられる。この三つの段階で、フロイトがとりわけ重視するのは、第二の段階であり、この段階で、欲動の性質に根本的変化が生じている。この欲動の弁証法は、フロイトが死の欲動を発見するさいに重要な道筋を示したと思われる。『快原理の彼岸』以降の幾つかのテクスト（『自我とエス』、『文化の中の居心地の悪さ』）では、第二の段階は、死の欲動が「自分自身への方向転換」を起こした後、自己（有機体）の内部に停滞し、リビード的な拘束を受け、黙々と働く段階として描かれている。

第二の要素は、快原理を経済論的観点から考察するさいに、ゼロ原理を恒常性原理より優位とみなすフロイトの思考法である。周知のように、『快原理の彼岸』で、フロイトは錯綜した経済論的考察を行っている。そして、その矛盾に満ちた道筋を追う困難さが、このテクストの理解の妨げになっている。ラプランシュは、そこに明快な一つの読解のラインを導入する。

フロイトの快原理には「内的緊張を低く一定に保つ」という恒常性原理と「内的興奮をゼロにする」というゼロ原理（涅槃原理）の二つがある。恒常性原理は、ホメオスタシスと呼ばれる生物体の原理であるが、ゼロ原理は生物体には存在しない原理である。この二つの原理は相互に還元不可能で、異なったものだが、フロイトは、この二つを「完全ではないが、ほぼ同じこと」と漠然と同じものと見なす。[10] そこからさらに、彼はゼロ原理が人間の精神生活の基本的傾向であると想定し、死の欲動という概念を力業で導き出すのである。この推論過程に、死の欲動という概念を巡る混乱の核心的問題が潜んでいると言ってよい。

では、なぜフロイトはゼロ原理を恒常性原理より優位に置くのだろうか。それは、彼が「心理学草案」から『夢解釈』に至るまで、夢、幻覚、欲望、記憶などに関わる臨床的現象を説明するさいに、ゼロ原理に依拠する心的装置が、きわめて有効な思考の補助線となったからである。彼が「心理学草案」や『夢判断』で練り上げてきた心的装置は、ゼロ原理、すなわちニューロンの慣性原理（ニューロン・システムは水準ゼロへと向かう）で作動する。ゼロ原理（涅槃原理）は、最短の経路を経て放出に向かう自由エネルギー、一次過程、快原理などに見られるが、そこではエネルギーの恒常性は問題にはなっていない。恒常性原理はゼロ原理とは全く異なる形で心的装置に導入されている。恒常性原理は「生の必要性」に応じたゼロ原理の修正であり、二次過程、現実原理などに相当する。つまり、心的装置において、恒常性原理はゼロ原理に対し、二次的なものとして導入されているのである。生命機能においては、恒常性原理が一次的であるのに対し、機械論的発想に基づくフロイトの心的装置では、ゼロ原理が一次的なのである。恒常性原理に対するゼロ原理の優位は、その後のフロイトの思考を貫く発想でもある。この「内的興奮をゼロにする」というゼロ原理は、死の欲動という概念を生み出す強力な要因となっている。

第三の要素は、フロイトの起源へと遡行する思考の傾向である。これは「個人神話」や「前歴史的神話」という形を取り、フロイトの思考の基本的方向をなしている。彼は、個人の歴史においては、ある個人的な出来事を過去に投影し、そこに自我の核の凝固を想定する。またさらに個体発生から系統発生へと遡り、エネルギーのカオス状態から生物の形態が出現したという生物学的な「神話」を想定している。

しかし、フロイトは、生命の無窮の流れに基づいた「大洋感情」という調和的な発想を徹底的に拒絶する。生物体は死の欲動によって各々が切断され、「自分なりの仕方で死ぬ」のだ。一方で、彼は、自らの理論を普遍化する目的で、彼が見いだした死の欲動という構想を、あらゆる生命体さらには生命の原理に持ち込み、死の欲動の普遍性を拡大する。そのさいに、フロイトは「心理学草案」の頃から見られた、科学主義の方法を復活させている。彼は精神分析と生物学とを限りなく接近させるのである。だが、精神分析の臨床との関係において、かろうじて妥当性を持つ死の欲動という概念を、生命の原理にまで拡張するなら、そこには矛盾と混乱が生じるだろう。死の欲動を導入することによって生じたのは、まさにそのような事態なのである。

このように、ラプランシュは、フロイトが死の欲動概念を生物学や神経科学などの科学に結びつけようとしたことが、フロイトの理論を錯綜させたと述べている。だが、フロイトが生物学に土台を据えて理論を構想したのは、これがはじめてではない。一九一五年の「転移神経症概要」においても、フロイトは転移神経症およびナルシス的神経症の素因を、ラマルク的進化論に依拠しつつ、系統発生的な観点から解明するという試みを行っている。しかし、そのさいには彼は自らの構想に確信を持つことができず、フェレンツィにその構想を託したまま、自身の論考を破棄している。フロイトが『快原理の彼岸』の執筆時に感じていた不安（「自分でもどのくらいこの仮説を信じているか、わからない」[11]）は、そのときと同じような逡巡であっただろう。

死の欲動という概念が孕む問題点を指摘する一方で、ラプランシュはフロイトが一〇年代に論じた対立する二つの欲動（性欲動と自我欲動）と、二〇年代に論じている対立する二つの欲動（生の欲動と死の欲動）が全く性質の異なったものであることを明確化している。前者は、前章で詳しく論じたように、対立しつつも、性欲動が自我欲動に「依託しつつ形成される」という関係にある。しかし、後者においては、本質的には死の欲動の一元論である。生の欲動は、ドゥルーズも指摘しているように、沈黙している死の欲動を経験世界に出現させるための二次的な役割しか果たさない。それはフロイトが自らの欲動概念の二元論性を確保するために、対立概念として持ち込まれたものである。また前者の二つの欲動が、依託という関係にあるのに対し、後者の二つの欲動は、混交と脱混交という関係をなす。後者には欲動の自己生成的な動きは見られず、二つの欲動は混交（混合）あるいは脱混交（分離）することによって、サディズム、マゾヒズム、症状などの臨床的現象を生み出すのである。(12)

私たちは、ドゥルーズとラプランシュの『快原理の彼岸』の読解を見てきたが、両者のアプローチや表現は異なるものの、いずれもフロイトの歩みに、精神分析を基礎づける土台を探る試みを読み取っている。ドゥルーズは、哲学者として、超越論的哲学に合流するフロイトの探究を高く評価する。しかし、ラプランシュは分析家として、フロイトが、死の欲動概念を生物学と結びつけることによって、精神分析固有の領域を見失ってしまっていることを批判する。

私たちは序章で、中期のフロイトの方法、すなわち精神分析の経験を概念によって厳密に輪郭づけていく方法こそが、精神分析の可能性を最大限に引き出すだろうと述べた。実際、この時期に彼は精神分析の理論のみならず、技法論もほぼ完成させ、正真正銘の一人の精神分析家となっている。だが、フロイトの偉大さは、そこに留まることなく、自らの理論的探究を推し進めることをやめなかったことである。たとえ、それまでの理論的達成を危険に陥れたとしても、である。死の欲動は、精神分析の理論上の「最後の言葉」ではなく、あくまでとりあえずの定式化に過ぎない。精神分析の理論にも、また技法にも完成形などない。フロイトの探究は、死の欲動を仮の原理として発見したのであり、この探究はより一段深い地点に到達するように、新たに試みなければならないのである。

Ⅲ　マゾヒズムの謎

一九一〇年代のフロイトの思考を駆動させたのが、ナルシシズムと同性愛という倒錯であるならば、二〇年代の死の欲動を巡る思考を推進させたのはマゾヒズムという倒錯である。マゾヒズムという問題系が背景になければ、フロイトの死の欲動に関する考察はかなり違った性質のものになっていたに違いない。

フロイトのマゾヒズム論で、『快原理の彼岸』と緊密な関係があるのは、一九二四年の「マゾヒズムの経済論的問題」である。しかし、フロイトのマゾヒズムへの関心は、かなり早期の『性理論三篇』(一九〇五年)に始まり、その後「欲動と欲動の運命」(一九一五年)、「子供が叩かれる」(一九一九年)で重点的に論じられている。これらの論考は、それぞれ論点が異なっており、フロイトのマゾヒズムについての考えも時期によって変わっている。私たちは「マゾヒズムの経済論的問題」という決定的に重要なテクストに入る前に、フロイトのマゾヒズム論の変遷を整理しておこう。

『性理論三篇』では、クラフト＝エービングが記載した性目標倒錯としてのマゾヒズムが、性目標倒錯で最も頻度が高く、重要な一形態として取り上げられている。フロイトの記述は、もっぱら当時の性科学者の観察に依拠しているが、彼はすでに人間の両性性や、サディズムの能動とマゾヒズムの受動の対立に着目している。そして、このような両性性や能動、受動の対立は性倒錯のみならず、人間の性生活の一般的な特徴の一つであると述べている。

「欲動と欲動の運命」での、欲動に内在する固有の弁証法については、先ほど述べた。この弁証法で、マゾヒズムは第二段階で生じている。第一段階のサディズムは性的なものではなく、第二段階において性的な意味でのマゾヒズムが形成される。この意味において、セクシュアリティの水準で一次的なのは、自己への攻撃によって生じたマゾヒズムである。そして、このマゾヒズムを起点にして、「他者」にサディズム的欲動を向けることにより、性的な意味でのサディズムが生じる。また、「他者」に「主体」の役割を引き受けさせることにより、性的な意味でのマゾヒズムが生じる。この時点では、フロイトはまだサディズムから生じたのではない、内在的マゾヒズム[13]の存在を認めてはいない。

「子供が叩かれる」については、前章で詳細に論じた。この幻想においても第二段階の「叩かれる」というマゾヒズム的表象が重要な意味を持つが、それを私たちは大人のセクシュアリティの世界が子供の世界にもたらす痛みと解釈した（第五章Ⅳ節参照）。

それでは、フロイトが死の欲動という問いと悪戦苦闘した後、双子のように生まれた「マゾヒズムの経済論的問題」というテクストで、彼はマゾヒズムをどのように考えるようになったのだろうか。このテクストを読む際に注意すべきなのは、ここにおいてフロイトの関心は、倒錯としてのマゾヒズムにだけではなく、そこからさらに人間の普遍的な存在様式としてのマゾヒズムへと向けられているという点である。

「マゾヒズムの経済論的問題」で、フロイトはマゾヒズムを、性源的、女性的、道徳的マゾヒズムの三つに分類するが、これはマゾヒズムの多様な出現の仕方を示しているだけであり、この分類は厳密さを欠いている。三つのマゾヒズムとして描かれている病理は疾病横断的であり、女性的マゾヒズムの一部を除けば、狭義の倒錯を取り扱ってはいない。道徳的マゾヒズムは罪責感、陰性治療反応、懲罰欲求などで見られる、過酷な超自我に対する自我のマゾヒズムのことである。女性的マゾヒズムは、マゾヒズム傾向を持つ男性の幻想（例えば「子供が叩かれる」という幻想）から窺い知ることができる。この論考での「女性的」とは「受動的」という意味だが、後にフロイトが男女の両性性を強調することによって、「女性的マゾヒズム」という概念の輪郭は曖昧になる。この三つのマゾヒズムのなかで、最も根源的な形態が、性源的マゾヒズムである。

性源的マゾヒズムとは、苦痛における快である。そして、その苦痛に伴う「リビードの共興奮（Miterregung）」が、性源的マゾヒズムの生理的な基盤であるとフロイトは書いている。(14) では、この「リビードの共興奮」とは何を意味しているのだろうか。これはフロイトが「マゾヒズムの経済論的問題」ではじめて提示した考えではない。その最初の構想は、『性理論三篇』の第二篇「幼児性欲」で、すでに示唆されている。

フロイトは、リズミカルな機械的刺激、筋肉の運動、激しい痛み、さらには知的作業や精神的な緊張が、しばしば性的興奮をもたらすという現象に着目する。そして「主体にはある機構が備わっており、それらの機構が働く結果、数多くある内的過程の強度が、ある一定量の閾値を超えるやいなや、性的興奮が副次的作用として出現する」（強調は引用者）と述べている。[15] また「狼男」は、両親の性交の場面を見たさいに、肛門域が興奮し、ベッドの上に排便をするが、これも「性的興奮が副次的作用として出現」した例である（第五章の註（16）参照のこと）。しかし、この考えは、その後、長年にわたり展開されることなく、放置されてしまう。その間、フロイトの関心は、ナルシシズムに、すなわちリビードが「自己への方向転換」によって向かう対象である身体に向けられている。一〇年代のナルシス神経症論においても、また二〇年代の死の欲動論においても、フロイトは精神に対してではなく、常に身体というものに対して自らの思索を深めている。

この「副次的作用（共興奮）」としての性的興奮という発想は、フロイトが死の欲動を考えるさい、再び前景に出る。彼はそれを「リビードの共興奮」と概念化している。フロイトは、欲動に内在する固有の弁証法では、第二段階をとりわけ重視したことを私たちは先に述べた。死の欲動においては、それは自己（有機体）の内部に停滞し、黙々と働く段階である。やがて死の欲動はエロスに押し出されて、他者への攻撃性として外在化される（さらに、その攻撃性は、再び内部に取り込まれ、残忍な超自我となる）。この第二段階に関して、フロイトは次のように書いている。「死の欲動は、有機体の内部に留まり、リビードの共興奮によって拘束される。そのことにこそ性源的（内在的）マゾヒズムを認めなくてはならない[16]」。つまり、死の欲動がもたらす刺激（苦痛）も、一定の閾値を超えるなら、リビードの共興奮によって、性的興奮を引き起こすのである。この性的興奮は、不快としての快であり、享楽という言葉で呼ぶことができる。そしてこのリビードの共興奮が生み出した享楽が生理的な基盤となって、様々な形態のマゾヒズムが形成される。このことをフロイトは、「マゾヒズムは、生命にとってきわめて重要な死の欲動とエロスの合金が生じた形成場面の証人である」と簡潔に述べている[17]。すなわち、超越論的原理の死の欲動は、リビードの共興奮という生理的基盤を媒介にして、臨床的現象としてのマゾヒズムと合流するのである。

Ⅳ　人間の根源的マゾヒズム

このように考えるなら、フロイトが『快原理の彼岸』で試みた超越論的探究で発見したものは、死の欲動だけではない。彼は、死の欲動とリビードの共興奮を起こすことによって生じるマゾヒズムも見いだしていた。『快原理の彼岸』で、フロイトは快原理の土台を探究したあげく、「欲動は内的根拠に従い、死を目指す」という帰結に行きつくが、そのことに彼自身、驚きを隠さない（「しかしよく考えてみたなら、そんなことはありえないではないか！」[18]）。その一方で、彼は、人間が生来的に宿しているマゾヒズム性の発見にもたじろいでいる。人間は、死の欲動と（根源的な）マゾヒズムを備えた存在である。別の言い方をするなら、人間を人間たらしめるのは、死の欲動とマゾヒズムなのである。フロイトが死の欲動の問題群から引き出した究極の結論は、人間は本質的にマゾヒストであるということなのだ。

ここで一九一〇年代のフロイトのセクシュアリティ論（欲動論）と、二〇年代のそれを対比してまとめておこう。前章で論じたように、一〇年代のフロイトのセクシュアリティ論を特徴づけているのは、「依託」理論と、「セクシュアリティの構成様式」の理論である。後者については、「子供が叩かれる」という幻想がその典型である。この幻想において、子供は大人のセクシュアリティを絶対的に受動的な形で、自分のなかに導き入れる。これは病理を生み出す状況にもなりうるが、そもそもこれは、人間がセクシュアリティに出会う基本的な様式である。つまり、人間は、セクシュアリティを「他者」を媒介に、マゾヒズム的な様式で取り入れるのである。

一方、二〇年代のセクシュアリティ論は、死の欲動とマゾヒズムが前景に出ることによって、一〇年代とは大きく性質の異なったものになる。死の欲動とリビードの共興奮から生じるマゾヒズムでは、享楽を得るのにもはや他者を必要としない。享楽はあくまで自己身体の内部だけで完結している。フロイトが、死の欲動概念以降に提起しているのは、他者なしのセクシュアリティの可能性である。もちろん、実際のマゾヒストは、自らのシナリオを実行するために、他者を必要とするだろう。道徳的マゾヒズムや女性的マゾヒズムにおいても、他者の関与なしにマゾヒズムは成立しない。しかし、内在的マゾヒズムに限って言えば、これは理念的には他者が不在の経験である。すなわち、二〇年代のフロイトのセクシュアリティ論は、死の欲動とのリビードの共興奮から生まれる、他者なしのセクシュアリティである。また見方を変えるなら、自己に閉じた享楽の技術としてのセクシュアリティの可能性を示唆しているとも言える。

だが、死の欲動が黙々と働くだけの内在的マゾヒズムは、自己に閉じた享楽の技術として（自己の）身体に留まり続けるだろうか？ 死の欲動が、攻撃性へと向かい、残忍な超自我として自己に回帰したように、内在的マゾヒズムも実際に作動する過程のなかで、他者への破壊性を示すことはないだろうか？ そして、また残忍な超自我によって苦しめられることはないだろうか？

＊

「マゾヒズムの経済論的問題」というテクストには、フロイトが問題提起だけをして、論をほとんど展開しないまま、残した問いが二つある。一つは、刺激の質的性質（あるいはリズム）の問題、もう一つは欲動の「飼い馴らし」（Bändigung）の問題である。この二つの問いは、治療論的に重要な意味を持つので、本章の最後にスケッチしておこう。

第一の刺激の質的性質について、フロイトは初期から断片的には触れているが、死の欲動やマゾヒズムをエネルギー論的（経済論的）観点から考えるなかで、この問いに改めて向き合わざるをえなくなっている。フロイトがリビードの「経済論的問題」を論じるさいに、取り扱うのは常に量の問題である。それは外的興奮（刺激）でも、内的興奮（欲動）でも同じである。これは質からではなく、すべてを量に依拠しつつ、理論を構築することが、フロイトの構想が普遍的なもの（科学）へと繋がる鍵となっているからである。しかし、死の欲動概念を量のレベルだけで考察することに、フロイト自身、限界を感じていた。分析理論に質的なものの導入は不可避である。とはいえ、フロイトは興奮（刺激）を複数の質的性質から把握するといった解決策は取らない。「質的な性質は、おそらくリズム、すなわち刺激量の変化、増大、低下の示す時間的経過かもしれないが、私には分からない[19]」と彼は告白している。

リズムが精神分析の理論や臨床で持つ意味はきわめて大きいが、リズムの問題を本格的に論じた分析家はほとんどいない。分析治療におけるリズムの問題は、今後の精神分析の大きな理論的、実践的課題である。

第二の欲動の「飼い馴らし」の問題については、「マゾヒズムの経済論的問題」で、最初に問題提起がなされている。フロイトは『快原理の彼岸』で、死の欲動と内在的マゾヒズムを発見したが、これらの派生物（羨望、破壊性、陰性治療反応など）は、分析治療の妨げになる。死の欲動やマゾヒズムを、どのような方法で、どのような形でそれらを「飼い馴らす」ことができるのだろうか？　フロイトの答えは歯切れが悪い。また、「終わりのある分析と終わりのない分析」では、死の欲動をはじめとする諸欲動が、もはや自らの満足のために欲動の独自の道を行くことがないことを、フロイトは欲動の「飼い馴らし」と呼んでいる。ここでも、欲動の「飼い馴らし」は「どのような方法、どういった手段で、そのようなことが生じるのか」という問いに対し、最晩年のフロイトは「それに答えるのは容易ではない」と悲観的な見解を述べている[20]。

だが、私たちの生を規定しているのが欲動であり、その欲動のあり方を言葉によってどのように変えることができるかという課題が、精神分析臨床の核心にあるとすれば、この二つの問題提起は精神分析治療の根幹に関わる問いなのである。次の章では、精神分析の治療論について考えてみることにしよう。

第四部

分析家のメチエ

第七章　分析技法と終結の問い

精神分析を進展させる可能性は、（理論ではなく）もっぱら治療にかかっている。
――『精神分析入門講義』第二七講（一九一七年）

Ⅰ　二つの技法論

フロイトは、二つのきわめて限定された時期に、集中的に技法論を書いている。最初は、一九一一年から一五年にかけてであり、この間に、彼は「精神分析における夢解釈の取り扱い」をはじめとする六つの論文（以下、前期技法論と記す）で、分析家の基本的態度、寝椅子の設定、転移、逆転移の取り扱い、治療料金、分析の頻度、キャンセルへの対処など、分析の基本的技法について具体的かつ詳細に彼自身の考えを述べている。これらの論考は、一〇〇年たった現在から見ても、ほとんど変更する必要がないと思えるほど、完成度が高い。フロイト以降の分析家は、フロイトが考案した技法を、さまざまな形に変更しようとしてきた。だが、この技法論は、現代のどの学派の分析家にとっても、たえず参照点となる一般性を兼ね備えた標準型（スタンダード）になっている。前期技法論でもう一つ注目したいのは、このような臨床の具体的な事柄を論じていた同じ時期に、彼がきわめて抽象度の高い『メタサイコロジー論』を平行して書いていたということである。このように臨床的な工夫と理論的な思惟を往復できる点に、フロイトの思考の振幅の大きさがよく表れている。

フロイトは一九二〇年代には、技法に関する論考を一つも書いていない。そして、彼が自らの死を明確に自覚するようになった三七年になって、彼は突然、二つの技法論文（「終わりのある分析と終わりのない分析」、「分析における構築」、以下、後期技法論と記す）を書き上げる。この晩年の二つの論考、とりわけフロイトの「遺書」とも呼ばれている「終わりのある分析と終わりのない分析」では、分析の終結、訓練分析のあり方など、高度に専門的な議論が展開されている。前期技法論と比べると、後期技法論は、熟練したフロイトの経験が濃縮されている。また前者が、楽観的な治療観に基づいているのに対し、後者は、悲観的な調子が全体を覆っている。この二つの技法論のトーンの違いには、フロイトの二〇年間の臨床経験が反映している。二つの技法論の論点は、多岐にわたるが、ここでは私たちがそのエッセンスと思う点に議論を絞り、フロイトの技法論の深化を考えてみることにしよう。

前期技法論の一つ、「治療の開始について」では、フロイトは分析が独自の経過を持つ過程（Prozeß）であることを自らの経験から引き出している。この論文の冒頭では、分析をチェスに喩え、「その網羅的で体系的な説明が可能なのは、序盤と終盤だけであり、序盤に続く見通しのつかない多様な局面については、説明ができない」[1]と書いている。この論考では、さらに踏み込んで、分析過程が、制御可能な限局的なものではなく、患者と分析家を巻き込んだ全人格的なものであると述べて、それを生殖過程に喩えている。

全体として見れば、この過程はいったん動き出すとわが道を行くのであって、その方向も進んでいく順序もあらかじめ定めることなどできない。分析家がさまざまな病状に対して持ちうる力は、男性の性的能力のようなものだということである。いかにその能力に優れた男性も、(女性に)子供一人を丸ごと産ませることはできても、女性の胎内に頭だけとか、腕だけ、脚だけを作り出すことはできない。それどころか、子供の性を決定することさえできない。実際、男性は、母体からの子供の分離によって終わるきわめて複雑な過程を、ただ始動させるのに過ぎないのである。

フロイトはここで男性を分析家、女性を患者に喩えているが、分析過程の本質を、交わり、産み出すという生殖過程との類似で捉えている点は、慧眼である。ところで、この時期のフロイトは、分析過程を展開させるものとして、三つの要素を重視している。一つは患者の自由連想、もう一つは分析家の訓練された受動的態度、最後に患者と分析家の交流としての転移である。順に見て行くことにしよう。

フロイトは『ヒステリー研究』を書いた頃には、自由連想を精神分析の基本原則と見なし、夢と同様に、患者の無意識を探る最良の方法と考えるようになっている。その着想は、彼が分析経験を積むなかで、確信にまでなっていた。フロイトは自由連想が独自の「思考形式」であり、それが複雑な線を描くと考えている。(3) 健康な人の場合は、この線は広範囲な心的領域を覆うが、病因となる心的素材がある場合、その素材に関連した連想に対する抑圧が働き、線を描く領域はきわめて狭まっている。彼は、病者においては、「連想の過程は、あらゆる停留地で足留めになり、連想は、盤の目をジグザグに飛んで問題を解く、桂馬飛びゲームのようなものになる」[4]と書いている。

この自由連想は、その連想作業そのものが抑圧されたものを患者に知らせるという解釈的効果を持つが、それに加え、分析家の解釈によって病理の核を明るみにされると、抑圧は解除され、患者の連想が描く線はこれまでにない広がりを持つ。自由連想は、患者に思考の自由な広がりを与えるという創造的役割を持つのである。

第二の要素は、分析家の訓練された態度である。「精神分析を実践する医師への勧め」には、平等に漂う注意を維持すること、メモを取らないこと、何の先入観も持たずに開かれた心で患者と向き合うこと、患者の無意識に対して自分の無意識を受容器官のように差し向けること、治療的熱意は治療の妨げになること、など分析家に対する具体的な忠告が記されている。[5]個々の指摘は、きわめて正鵠を射た具体的な技法だが、私たちの考えによれば、これらの技法はただ一つの事柄、すなわち分析家の姿勢に向けられている。

フロイトが分析家になるための必要条件と考えたのは、訓練によって、意図的に構築された受動性という分析的態度[6]を体得することである。これは単なる受動性ではなく、能動性を内に秘めた受動性である。分析家がこのような態度でセッションに臨むという条件のもとで、患者の自由連想が徐々に動き始める。自由連想はもっぱら患者側が行う作業だが、それは分析家が用意した治療的空間がなければ、十分には展開しないのである。

第三の要素が、転移である。転移は患者の無意識的欲望が、特定の対象関係の中で現実化されることであり、それは現実生活でも起きうる。しかし、精神分析がもっぱら取り扱うのは、分析治療のなかで生じる転移である。転移が生じることによって、患者の神経症は転移神経症という神経症に代わり、その病理を繰り広げる。分析過程とは、この「代理」としての転移神経症を扱う過程であり、患者の病気そのものの治療プロセスではない。フロイトは転移が抵抗であることを「転移の力動性」のなかで繰り返し強調している。[7] 転移が抵抗であるならば、患者の自由連想が描く線は、転移の発生とともに大きく歪みを見せ、分析過程の進行とともに、連想の線は複雑な形を取って変化していくだろう。そして、フロイトは、この転移という抵抗のワークスルーこそが、患者にとっての最大の試練であり、この完遂とともに、治療は終結すると考えている。

前期技法論でフロイトは、分析過程が不確定な要素を孕み、終結までの期間については「回答できない」と述べながらも、彼は転移抵抗がワークスルーされ、分析が終結に至ることに対して疑いは持っていない。この確信が、前期技法論の楽観的な調子を生み出している。

ではもう一方の、後期技法論の中心テーマは何だろうか。ここでは、「終わりのある分析と終わりのない分析」という晩年の最大の技法論に沿って、議論を進めていく。[8] 前期技法論で、考察の素材となっている臨床例は、主にヒステリー症例であったと思われる。一方、後期技法論で、素材となっているのは、訓練分析の症例と、長期化した重篤な神経症症例である。[9] フロイトはこの論考では、治療分析と訓練分析の問題を平行して論じながら、分析の終結の基準、および分析を終結へと向かわせる方法を論じている。

最初にフロイトは、長期化しつつある分析治療をどう短縮化するかという技法的な課題、また分析の終結をどのように規定するかという理論的問題が、分析家の間で切実な問いとなっていることを述べる。この二つは、現代の分析家にとっても未解決の問題である。

前者は分析技法の簡易化、修正と関連した問いである。フロイトは、彼が「症例狼男」で試みた「期間設定法」という方法の可能性は認めるものの、その方法にも一般的な妥当性を見つけることはできず、採用するか否かは「分析家の勘にゆだねるしかない」と断言する。[10] 彼は、フェレンツィの意見に賛同を示し、[11] 分析治療は短縮ではなく、深さが重要であると強調して、この問題についての議論をひとまず打ち切っている。

では、分析の終結の基準という問題については、どう考えればいいだろうか。これは治療の終結をどこに置くかということに留まらず、訓練分析の終結をどのように規定するかという（分析家組織における）制度的な問いでもある。これに対して、フロイトは幾つかの水準を設けている。最も浅い終結の水準は、患者が症状や、もろもろの不安や制止を克服し、問題となっている病的過程の反復をもはや恐れることがなくなることである。しかし彼はこの水準だけではなく、もっと野心的な分析の終結というものを提示する。そのさい彼は、訓練分析の終結の基準というものを想定している。その終結の基準は、分析がさらに続行されたとしても、それ以上の変化が期待できないほど広汎にわたる変化が分析によって及ぼされていることである。

さらにフロイトは、「分析を受けた人と受けていない人の本質的な違いというものがあるだろうか」という、きわめて興味深い問いを提起している。[12] それに対し、彼はダムの建設の喩えで答えている。分析を受けることとは、古くからの抑圧を撤廃し、より頑丈な素材を用いて新しくダムを作り上げることである。このような徹底した改築は、自然過程では起きえない。そしてこのまったく異なった堅牢さを持った新しいダムは、欲動の高まりの洪水を前にしても、決壊することはなく、「欲動の高まりという量的なファクターの優位を収束させる」と述べている。

この論考の最後には、有名な「去勢の岩」という問題が論じられている。分析治療は最終的には、男性の場合は女性性の拒否、女性の場合はペニス羨望という「最下層の生物学的な岩」にぶつかって、それ以上は進めないとフロイトは述べる。彼によれば、心的領域の下には、このような生物学的な両性性の基盤があり、分析はこの地点で暗礁に乗り上げる。第二章で述べたように、フロイトの両性性の理論は、フリースから引き継いだ構想であり、フロイトはこの理論が、精神分析理論の「究極の理論」になると、初期の段階から唱えていた。[13] 心的両性性理論が、両性性−去勢コンプレクス−フェティシズムというフロイトの倒錯論の一つの系列をなしていることは第二章で論じた。そして彼はこの問題系を、分析の終結の基準にまで持ち込むのである。男性は、心的両性性の一つの「女性性」を受け入れることができず、女性は「男性性」を羨望し、「女性性」を拒絶する。いずれの性も、自らの両性性という現実を受け入れることができず、これが分析不可能なものとして最後まで残るというのが、フロイトの結論である。しかし、これは分析治療の限界というよりも、彼の両性性理論の拡大的適用がもたらした帰結である。分析の終結のさいに「岩」になるのは、両性性の問題ではなく、私たちが前章で論じた人間の根源的なマゾヒズムなのである。では私たちは、このマゾヒズムをどのようにして飼い馴らすことができるだろうか、この点について考える前に、少し迂回しておこう。

II　リズムと心的空間

前章の終わりで、私たちはフロイトが「マゾヒズムの経済論的問題」で、未解決のまま残した問いとして、刺激の質的性質（リズム）と欲動の「飼い馴らし」があると述べた。この点については序章でも少し論じたが、ここではフロイトが残した問いに一つの道筋を立ててみることにする。

フロイトは「心理学草案」の頃から、リズムの問題に関心を寄せていた。「心理学草案」で、興奮（刺激）量（Qή）の運動の時間的性質を「周期」と名づけたのが、その最初である。『快原理の彼岸』では、「刺激の度合い」、「刺激の時間的性質」、「有機体の中の躊躇いのリズム」という表現などで、リズムの問題に言及している。しかし、これらはいずれもきわめて断片的な記述であり、その明確な内容は記されていない。フロイトのリズムについての考えが、比較的はっきりと述べられているのは次の二カ所である。

> 快と不快は刺激緊張と呼ばれる量的契機に大きくかかわっているとはいえ、その量の増減に結び

つけてはならない。快と不快は、この量という要因に依存するのではなく、質的としか言い表すことのできない量的要因のある性質に依存していると考えられる。この質的な性質がどのようなものであるかということを示すことができれば、心理学は大きく前進することだろう。それは、リズム、すなわち刺激量の変化、増大、減少が示す時間的経過かもしれないが、私たちには分からない(14)（「マゾヒズムの経済論的問題」）。

刺激緊張の増大は一般に不快として、減少は快として感じられる。しかし、快、不快として感じられるのは、おそらく緊張刺激の絶対的な大きさではなく、その変化のリズムのなかにある何かであろう(15)（「精神分析概説」）。

フロイトは快・不快が、刺激緊張の増減という量的な要因のみに依拠しているのではなく、それ以外の「質的」な要因としか表現できない性質に依拠していると考える。彼はそれを刺激量の時間的経過、あるいはリズムと呼ぶ。すなわち快不快の感覚に関わるものとして、量の増減だけではなく、その時間的契機（リズム）を新たな要因として導入するのである。しかし、フロイトがリズムのことは分からないと告白しているように、ここでのフロイトの論述も、十分に展開されることなく、曖昧なまま放置されている。

ここで私たちは、このフロイトのリズムに関する考えを先に進めるために、前章で展開した彼の恒常性原理に関する議論をまとめておく。フロイトの快原理には、「内的緊張を低く一定の水準に保つ」

という恒常性原理と、「内的興奮をゼロにする」という涅槃原理があるが、この二つは『快原理の彼岸』では同一視され、その結果、死の欲動という概念が生まれている。しかし、「マゾヒズムの経済論的問題」では、フロイトは恒常性原理と涅槃原理を同一視していたことを「そのような理解が正しいわけがない」と訂正している。(16) その理由として――例えば性的興奮の状態がわかりやすい一つの例だが――快に満ちた緊張や不快な弛緩というものがあることが挙げられている。したがって、快と不快は刺激緊張の量的契機に大きく関わっているとはいえ、その量の増減に結びつけてはならないとフロイトは戒める。そこには質的因子が関わっている。それがリズムである。

このように論を展開するフロイトは、心的な出来事を支配する法則としての恒常性原理の再定義を試みようとしている。フロイトは明確には述べていないが、彼が考えていたのは、およそ次のようなことである。生体が刺激緊張を低く一定の水準に保つことができるのは、瞬時に刺激を放出し、減少させることによるのではなく、むしろ刺激緊張にリズムという時間的性質を与えることによって、一定の水準に維持するからである。これはとりわけ内的刺激である欲動の場合には、そうである。このリズムという契機に着目することによって、フロイトは恒常性原理を、欲動の強度を一定に保とうとする人間の重要な心的機能として把握し直そうとしている。ここで注意が必要なのは、欲動の強度を一定に保つ（もしくは下げる）という機能とは、欲動の方向転換を行うことや、欲動の動きを阻止することではなく、人間が、その欲動の強度を自己の心的空間の中に包摂し、持ちこたえる、ということなのである。この心的機能には、個体差が大きい。病者のそれはきわめて小さく、欲動の強度に耐えることができない。フロイト以降の分析家のなかでは、ビオンは心的容器という概念を提示したが、それはフロイトの恒常性原理（心的機能）の再定義の試みを、母子関係のモデルを用いて、理論化したものと考えることができる。

＊

ここで、序章で提示した症例A（序章V節を参照のこと）について、その後の経過を含め、再度検討してみようと思う。Aにおいては、彼女の生活史も、彼女の毎回のセッションの語りも断片的でまとまりのないものだった。また彼女の情動の流れは断続的で一貫性がなく、身体の動きや振る舞いも自然な滑らかさを欠いていた。彼女はセッションが、決まった時間に、決まった時間枠で行われることを苦痛に感じ、自分の好きな時間に来て、好きな時間に帰ることを望んだ。また彼女は、私が解釈をすることによって、彼女の内面が混乱することを嫌った。彼女は私の解釈を不快に感じ、強い怒りを向けてくることがあった。また突然のキャンセルも頻繁に起きた。

しかし、五年ほど過ぎたころから、彼女は行動化を起こすこともなくなり、自らの激しい感情の動きを治療の中にすべて持ち込むようになった。治療関係は波乱に満ちたものになったが、彼女の実生活は安定しているようだった。幾つかの局面の変化の後、彼女の感情は柔らかくなりはじめ、私は彼女にそれまでなかった温かみというものを感じるようになった。一〇年近い治療期間の後、分析は彼女側の提案によって終わった。そして終結の前に彼女は珍しく夢を報告した。小川のせせらぎを聞きながら、一人で川沿いを歩いているという「寂しい」（彼女自身の表現）夢であった（彼女は長年、機械音が頭の中で反響することに悩まされていた。夢では、それは小川のせせらぎに変わっていた。またこの「小川」は、私の名前と明らかに関係している）。

＊

この患者との一〇年近い治療関係で起きたことに対し、治療的文脈から詳細な分析を行うことができる。分析過程の推進力となったのは、治療状況のさまざまな局面で私が彼女に伝えた転移解釈であり、それに対する彼女の理解であった。しかし、ここで注目したいのは、少し別の事柄である。それは、彼女はこの治療で何を見いだしたのかという、治療の終結のさいに私が感じた個人的な疑問である。それに対して――分析の終結後、さらに一〇年近く経った現在、事後的にではあるが――私は確信を持って次のように言うことができる。彼女は分析治療を通して、彼女固有の一つのリズムを発見したのではないか、と。ここで言うリズムとは、心的なものでも、身体的なものでもあり、さらには、彼女の生そのもののリズムである。

分析治療では、形式的にも、内容的にもリズム的要素が随処にある。形式的な面としては、精神分析のセッションは、決まった曜日の、決まった時間に、一定の枠で、セッションが同じ場所で反復的に行われることであり、内容的な面としては、患者の連想と治療者の声の調子、情動的交流、身体的共鳴などを挙げることができる。[17] これらの要素は、分析過程の中で、リズム的な役割を果たすこともあれば、非リズム的にしか働かないこともある。

分析家は、患者と心的な交流を持つ中で、これらの諸要素がリズムとして働くように努めている。「精神分析を実践する医師への勧め」でフロイトが推奨した幾つかの技法は、すべてそのための方法である。それらはリズムとして機能する場合もあれば、そうでない場合もある。しかし少なくとも、治療過程の進展が生じている場合は、治療関係のなかで発生したリズムは、患者の心的、身体的機能のなかに内在化されている。そしてリズムを内在化することによって、患者は自己の高まった欲動の強度を調整し、自らの内部で保持できるようになる。

では、このリズムと心的空間という観点を踏まえるなら、先に述べた欲動の「飼い馴らし」、さらには分析の終結というものをどのように把握することができるだろうか。再び本題に戻ることにしよう。

Ⅲ 分析過程とその終結

私たちはフロイトの後期技法論として、「終わりのある分析と終わりのない分析」、「分析における構築」の二つを挙げたが、厳密に言えば、一九三八年に短期間で書かれ、手術のために中断を余儀なくされた「精神分析概説」（一九四〇年に死後出版）の第二部もそこに加えられるべき論考である。「実践的課題」という表題がつけられたこの第二部は、フロイトの技法論の概要でもあるが、そこには序章でも少し触れた、次のような一節がある。

神経症者の不全状態と苦しみの原因となっているのは、量的な不調和である。人間の心的生活のあらゆる形を引き起こす原因は、持って生まれた素因と偶然の経験の相互作用のなかに求めることができる。一方で、ある特定の欲動が、素質的にあまりに強かったり、弱かったりすると、特定の能力の成長が止まったり、生活の中で十分に形成されないこともある。他方で、外的な印象や経験はさまざまな強さの要求を個々人に課すが、ある人の素質が克服できることでも、他の人にはあまりに困難な課題となることもある。このような量的な違いは、さまざまに異なった結果を生む条件になるだろう(18)（強調は原著者）。

これはフロイトの治療論の土台となっている発想である。ここでは「神経症者」と限定して述べられているが、フロイトの全著作を読み返すなら、彼はあらゆる精神疾患の原因に、「量的な不調和」を想定していることがわかる。そしてこの「量的な不調和」が、それぞれの患者の心的現実を構成すると彼は考えている。

先に私たちは、フロイトの前期技法論から、三つの要素（自由連想、分析家の態度、転移）を取り出し、分析過程と終結の問題について述べた。そこでは量的な問題、すなわち欲動については論じていない。というのも、前期技法論において、議論の対象となっているのは、分析の設定や過程、転移のワークスルーといったテーマであり、欲動は全く問題となっていないからである。

一方、後期技法論では、欲動が中心的な主題となる。私たちは、後期技法論における分析過程と終結の問いを、ここで改めて、私たち独自の観点から論じようと思う。

「終わりのある分析と終わりのない分析」で、フロイトは分析治療の成功を決定するものとして、外傷の影響、体質的な欲動の強さ、自我の変容という三つの要因を挙げ、このうち最も重要なのは、二番目の体質的な欲動の強さであると述べている。[19] 外傷の影響が決定的な症例の場合には、分析治療は最も効果を表す。というのも、そのような症例では、患者に外傷的な記憶を想起させ、外傷状況を取り扱うことにより、分析を完全に終わらせることができるからである。最後の自我の変容という概念については、第四章II節で詳しく述べたが、ここでの自我変容は、強い欲動に対して自我が取る防衛機制のことである。当然のことながら、自我変容が著しいほど分析治療は困難になる。

では、フロイトが最も重要なものとして挙げた、体質的な欲動の強さとは何だろうか。それは、先に引用した「神経症者の不全状態と苦しみの原因となっている量的な不調和」のことである。神経症者は、体質的にも、またその後の経験が加わることによって、諸欲動が著しく強く、自我との間に不調和を起こしている。諸欲動と自我は葛藤状態にあるが、自我の強度が欲動の強度より大きくなれば、諸欲動は自我によって飼い馴らされる。そしてそのさいには、「欲動は、完全に自我の調和のなかに収まり、自我の中のさまざまな動向の影響すべてを受けるものになり、もはや満足のために欲動の独自の道を行くことはない」[20] のである。フロイトは分析作業で行うことは、このような欲動の「飼い馴らし」と考えている。

ここで諸欲動と呼ばれているもののなかには、性欲動、制圧欲動、破壊欲動などがある。だが、それだけではない。フロイトは、死の欲動こそがその最も重要なものと考えていた。そして、この死の欲動の臨床的派生物としての、マゾヒズム、陰性治療反応、罪責感などが、分析治療の終結にさいして最も手ごわい障害となる。

前章の最後でも述べたように、フロイトはすでに「マゾヒズムの経済論的問題」のなかで、死の欲動の「飼い馴らし」がどのように行われるか、と問いを投げかけている。しかし、その時点では「死の欲動が、どのような手段にとって飼い馴らされるのかはわからない」と、判断を保留している。その約一〇年後の「終わりのある分析と終わりのない分析」では、フロイトは、一歩、論を先に進めて、死の欲動は他の欲動、とりわけエロス（性欲動）と混交することによって、「飼い馴らし」が起きると主張するようになっている。つまり、死の欲動はエロスと混交し、マゾヒズムとして飼い馴らされると考えるのである。だが、このようなフロイトの議論は袋小路に陥ってはいないだろうか。

私たちは前章で、死の欲動がエロスと結びついて、他者への攻撃性として、外在化されることを論じた。またその攻撃性が、再び内部に取り込まれ、残忍な超自我になることも見てきた。とすれば、死の欲動とエロスの混交は、自我にとって脅威になることはあっても、「飼い馴らし」という状態を生み出さないだろう。一方で、私たちは、死の欲動がリビードの共興奮と結びつき、自己身体の内部で完結するマゾヒズムが生じうることも論じた。この自己に閉じた享楽の技術としてのマゾヒズムは、死の欲動が無害のまま、飼い馴らされている状態だと言えるかもしれない。だが、もはやこれは分析治療が目指す、死の欲動の「飼い馴らし」ではないだろう。

では、分析治療における、死の欲動の「飼い馴らし」について、どのように考えればいいだろうか。私たちは、これまで行ってきた議論を整理しながら、死の欲動を含めた諸欲動を飼い馴らす機制を考えてみようと思う。

私たちの考えによれば、分析過程は、自由連想、リズム、治療的交流の三つの過程から構成される。まず、自由連想という独自の「思考形式」は、患者の心的領域を空間的に拡大し、思考の自由を与える。次に、分析過程は患者と分析家の間にリズムを生み出す。このリズムは患者の心的・身体的機能のなかに内在化され、患者は自ら固有のリズムを形成する。それによって、患者は自らの欲動の強度を調整することが可能になる。さらに治療的交流は、欲動の流動性、可塑性を高める。そこに分析家が、言葉によって介入することによって、患者の欲動のあり方は大きく変わる。

分析過程は、その終盤において、患者の心的機能を著しく高める。そして、増大した心的機能は、死の欲動をも含めた諸欲動を包摂し、欲動という量的ファクターの優位に対し終止符を打つ。これが深い水準での分析の終結である。その地点に達するなら、死の欲動はもはや攻撃性として外に向かうことも、自らに罪責感を植え付けることもなくなっている。死の欲動は、狂暴化することはなく、無害化されたまま、沈黙を守り続けるだろう。

とはいえ、この状態は永続的なものではない。生のなかで遭遇する出来事の中で、患者の欲動は再び制御が難しくなることも起こりうる。死の欲動が突然饒舌になり始め、攻撃性や羨望が高まることもあるだろう。しかし、そのような場合でも――フロイトが使ったダムの建設の喩えを用いるなら

――新しく改築されたダムの一部を改修することによって（それは短期間の分析治療で十分である）、欲動の高まりの洪水を抑えることができるだろう。

訓練分析の場合、この分析過程を終えた後、その人は分析家として生き始める。だが、そこからの道程は、本章とは別に論じるべきテーマである。

＊

もはやあまりにも有名な言葉だが、フロイトは、『ヒステリー研究』の最後で、精神分析の目的を「患者の病理的な不幸を、ありきたりの不幸に変えること」と述べている。[21] 一方、その約四〇年後に書かれた『続・精神分析入門講義』では、精神分析治療を、北海の洪水の度にオランダに多大なる損害をもたらしたゾイデル海にダムを作り、淡水のアイセル湖に変えた干拓工事に喩えている。[22] これは欲動の「飼い馴らし」の卓越した比喩である。前者が、前期技法論の治療観と、後者が後期技法論の治療観と結びついていることは言うまでもない。

しかし、私たちの考える分析治療の観点からは、このいずれの治療観も不十分に思える。フロイトは、最初から最後まで量の観点を重視し、質に関しては快・不快しか問題にしなかった。しかし、例えば、リズムという要因を導入するなら、もっと異なった質の情動を理論化することも可能だろう。それは例えば、喜びである。

患者の心的機能を十分な形で高めることができたなら、単に「病理的な不幸を、ありきたりの不幸に変えること」だけではなく、患者はその不幸という「現実」も、そうでありながらも楽しむことができるのではないか。フロイトに欠けているのは、私たちがいかに重症な精神の病を抱えていても、分析治療を通して心的機能が高まることによって、「病理的な不幸」が「ありきたりの不幸」に変わるだけではなく、そこからさらに、生きていることそれ自体の中に多くの喜びを見いだすことができるという認識である。

フロイトは自分の名前（Freud）が、喜び（Freude）と結びつけられることを、苦々しく思っていた。例えば『日常生活の精神病理学』には、「私の名前フロイトをあえてフランス語に訳そうとしたら、Joyeux（愉しい）と訳すだろうし、またそう訳すしかない[23]」と彼は書いている。メランコリー気質であるフロイトほど、一見、喜びと無関係な人はいない。だが、喜びが、そもそも現実を無視するのでも、現実に服従するのでもなく、現実をよく見据える態度から生まれてくる情動であることを考えれば、フロイトは、案外、喜びとの深いかかわりのなかで生きた人と言えるかもしれない。

私たちの観点からは、精神分析は生の喜びと深く結びついた治療である。それゆえに、精神分析の創始者の名前が、喜びと結びついていることは、きわめて相応しいことのように思えるのである。

エピローグ　分析家の日常

私たちは、ここまでフロイトの思索の歩みを追いかけてきたが、最後に、彼の生を振り返ってみようと思う。現在、日本語で読める代表的な伝記としては、『フロイトの生涯』（アーネスト・ジョーンズ）、『フロイト――生と死』（マックス・シュール）、『フロイト』（ピーター・ゲイ）、『ジークムント・フロイト伝』（エリザベート・ルーディネスコ）などがある。フロイトの膨大な書簡集も、彼を知るための重要な資料である。これらを読んで、そこからどのような生が浮かび上がってくるだろうか。

これらの資料から何を読み取るか、それは人それぞれだろう。神経学者としての活躍、医学界での孤立、友人や同僚たちとの友愛と決別、学説の創設と展開、弟子との確執、度重なる癌の手術、ナチスからの迫害、ロンドンへの亡命など、フロイトは波乱万丈の生涯を送ったと言える。だが、フロイトの生活は驚くほど単調なものである。フロイト自身、自分の人生について「外面的には何の波乱もなく、さりとて中身もなく、ほんの幾つかの日付を挙げれば、片付いてしまう」（一九二九年八月一〇日、エドワード・ベルナイス宛て）と書いている。また、ジョーンズもゲイも、激しい内面のドラマとは別の、フロイトの生活の驚くべき単調さに着目している。これは分析家という職業が要請する単調さでもある。フロイトは、『夢解釈』のなかで、クロード・ベルナールの生理学研究室の標語「獣のように仕事をする（travailler comme une bête）」が、分析家に必要な基本的態度だと述べている。フロイトの生活の単調さは、獣の単調さである。

フロイトがフリースに宛てた手紙に次のような一節がある。

「僕はもうほとんど人間とは言えないような有様です。僕は診療の後、夜の一〇時半には死ぬほど疲れているのです」（一八九六年二月一三日）。

日中は分析作業に明け暮れ、夜になって残ったエネルギーで理論的な仕事に没頭する——これがフロイトの日常である。これを彼は生涯続けた。

フロイトがいつ——制度的な意味ではなく、本質的な意味で——精神分析家になったかといえば、一九一〇年代の前半から後半にかけて、すなわち「五大症例」をはじめ、多くの患者の治療経験によって、臨床家として成熟し、日々の生活のほとんどの時間を分析技法の検討と分析理論の構築に費やしていた時期である。その頃の彼の日常は、次のようなものである。

フロイトは、毎朝七時に起きると、気持ちを引き締めるためにシャワーを浴びた後、簡単な朝食を取った。そして、八時にベルクガッセ一九番地の自宅兼職場の二階の診察室に入ると、一二時まで患者を診た。その後、家族と昼食を取り、気分転換の散歩をすると、午後三時には、診察室に戻った。それから再び、患者の分析を行い、それは夜の九時まで続いた。その後、彼は家族と再び食事を取り、書斎に入った。眠気を覚ますために、彼は冷たい水で何度も顔を洗い、葉巻を吸った。そして、まずは手紙を書き、その後論文の執筆に没頭した。眠るのは、いつも深夜一時を過ぎていた。

これが彼の生活のすべてである。この生活は、時計の針のように四〇年近く続けられた。夕食後のタロットカードは慎ましやかな気晴らしであり、休日の山登りやキノコ狩り、夏のイタリア旅行などは、日々の仕事の疲れを癒す休暇の楽しみだった。

フロイトの昼の仕事は臨床的な営為である。一方、彼の夜の仕事は、昼の経験で獲得したことの理論化の作業である。この二つの作業が彼の仕事の両輪をなしている。大部分の分析家は、このフロイトの思考の振幅の大きさについていけない。昼間の仕事が精神分析の本質だと考える分析家には、大切なことは患者との心的交流だけで、夜のフロイトの仕事は現実離れした思弁のように見える。また夜のフロイトの理論にだけに関心を持つ人は、昼間の著しい心身の困憊を伴う彼の営みが、理論の本質と直結しているとは考えない。だが、この両輪がなければ、精神分析家の仕事というものはあり得ない。分析家であるということは、そういうことである。これはフロイトにとって当たり前のことであったが、今日では、それは特殊な仕事の方法と思われるようになっている。

この単調な生活のなかで、彼は何をしようとしていたのか。ここまでフロイトと付き合ってきた私たちには、その意味がよくわかる。彼は分析家という一つの職業のエートスを、自分の生活を通し、示している。では、分析家とはどのような職業なのか、それは、自分の心、思考、身体を日々の臨床行為のなかで、修練し、磨き上げ、習得していくメチエである。来る日も来る日も、同じように、昨日のセッションを振り返り、自らの過ちや歪みを修正する。セッションに新たな息吹を吹き込むために、心と身体の状態を整えておく。そして、一日、心身とも疲労困憊を引き起こす分析の仕事の後、夜になって一日の臨床経験を理論としてまとめ上げる。毎日毎日が、この単調な作業の繰り返し。獣の単調さ。そして徹底した自己探求と自己陶冶の結果、人は分析家になるのだ。

フロイトは死ぬ二カ月前まで、患者を一日三人は診ていた。高齢なうえ病気であり、ナチスから逃れて、異国で臨床活動を行っていることを考慮すれば、これは決して少ない数ではない。だが、潰瘍化した癌が悪臭を放ち、飼い犬までが近寄らなくなった時に、彼は分析家としての生活を止めた。

彼の単調な生活は終わった。しかし、癌が進行しても、彼は「明晰に思考することができないのなら、苦痛を耐えながら考えたほうがましだ」と思い、鎮痛剤を飲もうとしなかった。仕事につぐ仕事、毎日の執筆、それがフロイトの生であった。フロイトにとって、何よりも恐ろしかったのは、病によって力がなくなり、自らの仕事をもはや展開できなくなることであった。一九一〇年三月にオスカー・プフィスターに宛てた手紙（本書の冒頭のエピグラフ）で、彼は、自分が生きることと、分析家であることはもはや同じことであり、自分の唯一の願いは、マクベス王のように「闘いながら死ぬこと」だと書いている。最後の一ヵ月、彼は食事も摂れなかったが、何とか読書はできた。そして「娘のアンナがいいと言ったら、終わらせてくれ」と、友人の医師マックス・シュールに頼んで、モルヒネを三〇ミリグラム注射してもらい、深い眠りについた。机の上には、乱雑に積み上げられた書きかけの原稿と、彼が最後に読んだバルザックの『あら皮』が無造作に置かれていた。

註

＊ 以下、フロイトからの引用は、フィッシャー社版『フロイト全集』（Sigmund Freud, *Gesammelte Werke*, 18 Bände und Nachtragsband, Fischer, 1940–87）に拠り、「GW-V, S. 156」の形で巻数と頁数を示した。邦訳は主として『フロイト全集』（全二二巻＋別巻一、岩波書店、二〇〇六年―）に拠り、「(6)四二〇頁」の形で巻数と頁数を示した。なお、訳文には引用にさいして適宜変更を加えた。

序章 フロイトの歩み

（1） アンリ・エレンベルガー（エランベルジェ）『無意識の発見——力動精神医学発達史』上・下、木村敏・中井久夫監訳、弘文堂、一九八〇年。一九世紀の無意識概念については、エドワード・S・リード『魂《ソウル》から心《マインド》へ——心理学の誕生』村田純一・染谷昌義・鈴木貴之訳、青土社、二〇〇〇年が詳しい。

（2） 精神分析がいかなる科学をモデルとするかは、それぞれの分析家によって異なっている。フロイトの場合は、物理学に代表される精密科学だが、（初期）ラカンにおいては、サイバネティクスを基礎とする推測科学である。ビオンでは、それはほぼ経験科学に近い意味で用いられている。

（3） Paul Ricoeur, *De l'interprétation, essai sur Freud*, Seuil, 1965（ポール・リクール『フロイトを読む——解釈学試論』久米博訳、

新曜社、一九八二年)。

(4) Paul Bercherie, *Genèse des concepts freudiens, Les fondements de la clinique2*, L'Harmattan, 2004.

(5) Jean-Michel Quinodoz, *Lire Freud*, PUF, 2004(ジャン＝ミシェル・キノドス『フロイトを読む——年代順に紐解くフロイト著作』福本修監訳、岩崎学術出版社、二〇一三年)。

(6) Sigmund Freud, „Abriß der Psychoanalyse", GW-XVII, S. 110(㉒二二三頁)。

(7) Sigmund Freud, „Die Abwehr Neuropsychosen", GW-I(⑴三九頁以下)。

(8) Freud, „Abriß der Psychoanalyse", GW-XVII, S. 108(㉒二二一頁)。

(9) Sigmund Freud, „Die endliche und die unendliche Analyse", GW-XVI, S. 71-74(㉑二五八—二六一頁)。

(10) Sigmund Freud, „Das ökonomische Problem des Masochismus", GW-XIII, S. 372(⒅二八八頁)。なおフロイトのリズムに関する考察については、次の書物が詳しい。Lina Balestrière, *Freud et la question des origines*, De Boeck, Bruxelles, 2008.

(11) W. R. Bion, *Learnnig from experience*, William Heinemann Medical Books, London, 1962(ウィルフレッド・ルプレヒト・ビオン「経験から学ぶこと」『精神分析の方法——セブン・サーヴァンツ』I、福本修訳、法政大学出版局、一九九九年)。

(12) Sigmund Freud, „Zur Einführung des Narzißmus", GW-X, S. 142(⒀一二二頁)。

(13)「パラノイア患者が失敗したものに、私は成功した」という有名な一文は、フロイトがシャーンドル・フェレンツィに向けた手紙のなかにある(一九一〇年一〇月六日付)。当時、フロイトは「シュレーバー論」に取り組んでいた。

(14) ジョナサン・クレーリーは一九世紀から二〇世紀にかけて、西洋における「注意を払う」あり方と主体形成との関係を文化史的な観点から鮮やかに分析している(『知覚の宙づり——注意、スペクタクル、近代文化』岡田温司監訳、平凡社、二〇〇五年)。クレーリーはフロイトの「漂いわたる注意」という技法を、二〇世紀に登場した最も強力な注意の技術と位置づけている。

(15) André Green, *Narcissisme de vie, narcissisme de mort*, Éditions de Minuit, Paris, 1983.

(16) 藤山直樹はこの点を的確に指摘している(「ナルシシズムと心的な死」『精神分析という語らい』収録、岩崎学術出版社、二〇一一年)。

(17) Sigmund Freud, *Vorlesungen zur Einführung in die Psychoanalyse*, GW-XI, S. 438(⒂五〇八頁)。

（18）　フロイトがナルシシズムの問題に関心を抱く一つの契機となったのが、レオナルド・ダ・ヴィンチの生と作品群であった。

（19）　ローゼンフェルトは、ナルシシック・パーソナリティ障碍の患者を、誇大的で傲慢に見えるタイプと対人関係に過敏で引きこもりがちなタイプに分け、前者を「厚皮型」、後者を「薄皮型」と名づけている（『治療の行き詰まりと解釈――精神分析療法における治療的／反治療的要因』、神田橋條治監訳、誠信書房、二〇〇一年）。

（20）　もちろんナルシシズムの病理が、すべて倒錯を伴うわけではない。量の増大が引き起こす不快を解消する方法は倒錯行為以外にもあるだろう。

（21）　第六章で論じるが、このようなナルシシズムの定式化は、マゾヒズムのそれと類似している。両者の決定的な違いは、マゾヒズムでは痛みという身体的契機が大きな意味を持つことである。

（22）　一九五五年にラカンは「心理学草案」を本格的に論じている。Jacques Lacan, *Le séminaire Livre II: le moi dans la théorie de Freud et dans la technique de la psychanalyse 1954-1955*, Seuil, 1978（『フロイト理論と精神分析技法における自我』上・下、小出浩之・鈴木國文・小川豊昭・南淳三訳、岩波書店、一九九八年）。

（23）　Isabelle Stengers, *La volonté de faire science*, Empêcheurs de penser en rond, 1996.

（24）　Neuropsychoanalysis という分野は、フロイトの初期の方法と現在の臨床を結び付ける試みであるが、この方法はどこまで進んでも神経科学の成果と精神分析の知見を比較対照するだけに留まっており、方法論的には「心理学草案」より遅れていると言わざるを得ない。

（25）　私が知る限り、アンドレ・グリーンはその点に注目した唯一の分析家である。彼は「精神分析理論の中心には倒錯の問題がある」と明言している（*Les états limites*, PUF, 1999）。だが、彼はこの考えを直観的に述べているだけで、理論的な展開は行っていない。

第一章　ヒステリーの建築様式

（1）　一八九五年一〇月三一日付、ジェフリー・ムセイエフ・マッソン編『フロイト　フリースへの手紙　一八八七―一九〇〇

四』河田晃訳、誠信書房、二〇〇一年、一四八頁。

(2)「僕は神経症の完全な解決と幼年期におけるその病因についての確かな知識を断念する気になりました」（一八九七年九月二一日付、同書、二七五頁）。

(3) 一八九六年一二月六日付、同書、二一三頁。

(4) 一八九六年一月一日付（草稿K）、同書、一六五頁以下。なお倒錯の形成過程について、フロイトは人間の両性性の観点から捉えようとしている（一八九六年一二月六日付、同書、二一五頁）。当時フロイトは、人間の男性性の要素が大きいと倒錯に、女性的要素が大きいと防衛神経症になりやすいと考えていた。

(5) Sigmund Freud, „Meine Ansichten über die Rolle der Sexualität in der Ätiologie der Neurosen", GW–V, S. 156（⑹四二〇頁）「要するに一人の個人が幼年期にいかなる性的興奮を味わったかは、もはや問題ではない。決定的なのは、そうした体験にどう反応したか、つまり受けた印象に対し、個人が「抑圧」をもって応えたか否かが問題なのである」。

(6) Sigmund Freud, *Traumdeutung*, GW–II/III, S. 609（⑸四〇七頁）。

(7) Sigmund Freud, *Bruchstück einer Hysterie-Analyse*, GW–V, S. 187（⑹三〇頁）。

(8) Sigmund Freud, *Hemmung, Symptom und Angst*, GW–XIV, S. 118（⒆一六頁）。

(9)『快原理の彼岸』でフロイトは、「神経症者の不快は、快として感じることのできない快である」と述べている（Sigmund Freud, *Jenseits des Lustprinzip*, GW–VIII, S. 7（⒄五九頁））。ここでいう神経症者とは、ヒステリー患者のことと考えていいだろう。

(10) Freud, *Hemmung, Symptom und Angst*, GW–XIV, S. 118–119（⒆一六頁）。

(11) 情動反転の機制と隣接している不安の問題については、フロイトは同じ論考の中で、抑圧によって自由になった備給エネルギーが不安に転化するというこれまでの考えを退け、それに代わって、自我がエスの欲動過程を阻止する場合、自我がかつて似通った状況において記憶していた思い出‐象徴（Erinnerungssymbole）が呼び起こされ、それが不安信号となって、自我を不安から守る機能を持つと考えるようになっている（いわゆる「不安信号説」）。このように、この論考においてフロイトは情動反転の問題のみならず、不安を巡る新たな問題系に対しても、一つの解答を提示している。

(12) 同月二日付の手紙に添えられた「草稿L」にも同じタイトルが付けられている（『フロイト　フリースへの手紙　一八八七―一九〇四』二四七頁）。

（13）　同書、二五四―二五五頁。
（14）　Josef Breuer und Sigmund Freud, *Studien über Hysterie*, GWI, S. 291-295（(2)三六八―三七一頁）。
（15）　Freud, „Meine Ansichten über die Rolle der Sexualität in der Ätiologie der Neurosen", GW-V, S. 154（(6)四一八頁）。
（16）　受動・能動の問題は、フロイトの著作を貫く大きな問題系の一つである。この問いはパラノイアの機制から、女性性の問題まで広い領域を横断している。
（17）　代表的なものとして、Hannah S. Decker, *Freud, Dora and Vienna 1900*, The Free Press, 1992; Patrick J. Mahony, *Freud's Dora: A Psychoanalytic, Historical, and Textual Study*, Yale University Press, 1996; Jacques Lacan, *Le Séminaire*, livre IV: La relation d'objet, 1956-57, texte établi par Jacques-Alain Miller, Seuil, 1994 を挙げておく。
（18）　Freud, *Bruchstück einer Hysterie-Analyse*, GW-V, S. 214（(6)六四頁）。
（19）　フロイトは、人類が二足歩行を始め、排泄・生殖・出生に関わる器官と、視覚や嗅覚の器官との配置が変わったことに、文化と道徳の源泉を見ている。吐き気とはかつてのリビード的結合を想起させる、内的感覚なのである（フリースへの手紙、一八九七年一一月一四日付、『フロイト　フリースへの手紙　一八八七―一九〇四』二九三―二九四頁）。なおフロイトの吐き気についての考えについては次の本が詳しい。ヴィンフリート・メニングハウス『吐き気――ある強烈な感覚の理論と歴史』竹峰義和・知野ゆり・由比俊行訳、法制大学出版局、二〇一〇年。
（20）　Ibid., S. 258（(6)一二三頁）。
（21）　Ibid., S. 223（(6)七六頁）。
（22）　より正確に言い換えるなら、【二】の場面における幻想の表層において、ドーラはK夫人と同一化し、K氏の代理としての父を欲望しているのに対し、その深層においては、不能者としての父（フロイトによれば、父は去勢された存在としての女性と同一である）とドーラは同一化し、K夫人を欲望している。
（23）　「症例ドーラ」の一〇年後に書かれた「欲動と欲動の運命」では、欲動と緊密な関係を持つ、愛と憎しみという感情を、愛する - 憎む、愛する - 愛される、愛する（憎む）- 無関心の三つの対立関係から立体的に理論化がなされている。
（24）　ドーラの幻想に対する態度は視覚的である。この幻想が示している「場面」とは原光景の再現と考えることもできるが、その恐怖の光景をドーラは、「狼男」と同じように、「じっと身じろぎもしないで」眺めている。

（25）この論考については、第五章で違った角度から再び取り上げる。

（26）Sigmund Freud, „Ein Kind wird geschlagen", GW-XII, S. 204（⒃一二八－一二九頁）。

（27）フロイトは第三の局面におけるサディズム的側面にも言及している。フロイトがサディズムとマゾヒズムの関係を論じる場合、常に文法的な反転構造から異なった二つの病理を論じている。この点については第六章で改めて論じることにする。

（28）この抵抗の存在が、神経症者と倒錯者の「疾病論的な敷居」を形成している。

（29）「原場面」に対して、ヒステリーは受動的にふるまうのに対し、強迫神経症者は能動的にふるまうという、一九〇六年に示された疾患による受動・能動の対比（註（16）参照）は、ここではヒステリーと倒錯の対比に置き換わっている。

（30）「神経症は目標倒錯のネガである」というフロイトの定式は、抑圧という概念を厳密に用いるならば、「ヒステリーは目標倒錯のネガである」と、言い換えるべきである。

（31）「子供が叩かれる」というテクストは、フロイトが原光景という場面を主題とした「症例狼男」（一九一八年）の出版の翌年に書かれている。

（32）法外なもの、暴力的なものの顕現としての原光景を前にして、ヒステリー者は静止した感情（無感情）を感じる。この現象は、カントが『判断力批判』で行った崇高を巡る議論（第一部第一篇第二章）と密接に結びついている。

（33）Felix Deutsch, "A Footnote to Freud's 'Fragment of an Analysis of a Case of Hysteria'", *The Psychoanalytic Quarterly*, 26, 1957.

（34）Decker, *Freud, Dora, and Vienna 1900*, op. cit. なお、ドーラの実像については、ジークムント・フロイト『あるヒステリー分析の断片――ドーラの症例』金関猛訳、ちくま学芸文庫、二〇〇六年の文末解説が詳しい。

（35）Freud, *Bruchstück einer Hysterie-Analyse*, GW-V, S. 228（⑹八三頁）。

（36）ガストン・バシュラールは『空間の詩学』において、「家」「箱」「地下室」「屋根裏部屋」などの空間のイメージが想像力にもたらす力について論じている。分析家ロナルド・ブリトンもバシュラールの発想に影響を受けて、「もう一つの部屋」という概念を提示している。

（37）Ronald Britton, *Belief and Imagination: Exploration in Psychoanalysis*, Routledge, London, 1998.

第二章　心的両性性と肛門欲動論

（1）Freud, *Hemmung, Symptom und Angst*. GW-XIV, S. 142（⒆四〇頁）。

（2）一九〇一年八月七日、フリース宛ての手紙。この中の「次の仕事」とは、『性理論三篇』を指している。

（3）『性理論三篇』の一九一五年版における追加の註で、フロイトは男性性と女性性という概念が、あるときは能動的と受動的、あるときは生物学的な意味で、あるときは社会学的な意味で用いられると述べている。

（4）Sigmund Freud, „Hysterische Phantasien und ihre Beziehung zur Bisexaulität", GW-VII. S. 197-199（⑼二四八－二五〇頁）。

（5）ラプランシュによれば、人間の性で根本的差異をなすのは、男女の性差ではなく、大人と子供のセクシュアリティの差異である。この点については、第三部で論じる。

（6）フロイトはファルス（男根）という用語をあまり用いない。それは男根期（ファルス期）を示すさいに限定されている。

（7）より正確に述べるなら、まずは肛門期という前性器的編成が想定され（一九一三年）、次に口唇期の発見（一九一五年）、そして最後に男根期、性器期という段階が想定され（一九二三年）、フロイトのリビードの発達理論は体系化されている。このように体系化されることにより、幼児の多形倒錯という多方向へのリビードの拡散という現象は、発達に応じてペニスというベクトルのもとに収斂するとみなされる。

（8）去勢コンプレクスという概念が、普及するとともに、この概念を離乳、糞便、出産など、分離を示す事象に比喩的に広く拡張され用いられていることに、フロイト自身は危惧の念を覚えている（『ある五歳男児の恐怖症の分析』一九二三年の追加箇所、⑽七頁）。去勢コンプレクスという概念は、ペニスの喪失と結びついた心的効果という意味に限定して用いるべきだとフロイトは述べている。

（9）かつて陽性と陰性のエディプスコンプレクスと呼ばれたものは、岩波版の『フロイト全集』では表と裏のエディプスコンプレクスと訳されている。私たちは、写真のポジ、ネガの意味を含んだ、岩波版の訳語に従うことにする。

（10）自分の中の二つの性が、両親という二つの性を求めるゆえに四つとなる。しかし、両性性を程度の問題と考えるならば、多くの中間形態があり、四つと言うのは正確ではない。

（11）Sigmund Freud, „Einige psychische Folgen des anatomischen Geschlechtsunterschieds", GW-XIV. S. 25（⒆二〇八頁）。

(12) この定式化は、「ヒステリーは前性的な性的恐怖の結果です。強迫神経症は、後に非難に変化する、前性的な性的快楽の結果です」(フリース宛て、一八九五年一〇月一五日)というアイデアを展開させたものである。

(13) 有名なものとして次の二つを挙げておく。Patrick Mahony, *Freud and the Rat Man*, Yale Unversity Press, 1986. Mikkel Borch-Jacobsen, *Les Patients de Freud: Destins*, Editions Sciences Humaines, 2011. またキノドスは、「鼠男」を精神病と診断している(ジャン＝ミシェル・キノドス、前掲書)。

(14) この肛門刑は、当時よく読まれていた、オクターヴ・ミルボーの『責苦の庭』(一八九九年)(篠田知和基訳、国書刊行会、一九八四年)の中に出てくる中国の刑罰のことである。

(15) フロイト自身、この症例を報告するさいに、しばしばこの「鼠」という語の解読から、発表を始めている(Hermann Nunberg, Ernst Federn (Hg.), *Protokolle der Wiener Psychoanalytischen Vereinigung, Bd. 1: 1906–1908*. S. Fischer, 1976 (Neuausgabe: Psychosozial-Verlag, 2008). S. 348)。

(16) ラカンは「鼠男」の幻想が織りなす付置を「神経症者の個人神話」と呼び、「鼠男」の症状と生活史の連接を鮮やかに論じている(Jacques Lacan, *Le mythe individuel du névrosé*, Seuil, 2007)。

(17) 肛門性と強迫神経症の内的関連は経験的事実に基づくものであり、必然的なものではない。フロイトが強迫神経症を肛門性と結びつけずに、理論構築をすることも十分に可能であったと思われる。

(18) 憎しみとサディズムを結びつけることに関して、フロイトは「鼠男」の症例分析では、「愛のネガティヴな要素とリビードのサディズム的な成分の関係は、全く未解明である」と述べるように、留保している。「欲動と欲動の運命」(一九一五年)で、両者の関係は明確化される。

(19) ここでいうサディズムとは、フロイトによれば、能動的な制圧欲動が性的機能の役割を果たすことである。

(20) 退行という概念を、ある発達段階へのリビードの時間的逆行として理解するならば、この概念には確かに、図式的な還元主義的側面があるが、フロイトが後に、退行を引き起こす要因として、自我機能のリビード発達に対する先行(「強迫神経症の素因——神経症の選択の問題に関する一寄与」)、サディズムのエロス的成分の疎隔という欲動分離(『制止、症状、不安』)などを重視するようになることを考えるなら、この概念が精神分析にもたらした射程は、きわめて深いことがわかる。

(21) ヒステリーでは、リビードは原初的(近親相姦的)な性的対象に退行するが、性編成のより早期の段階への退行は見られない、とフロイトは明言している（GW-XI, S. 355 ⑮四一〇頁）。

（22）Ibid., S. 356（⑮四一一頁）。「鼠男」においては、肛門サディズム期の攻撃性が、肛門刑を巡る様々な強迫症状を生み出している。

（23）Sigmund Freud, „Die Disposition zur Zwangsneurose: Ein beitrag zum Problem der Neurosenwahl", GW-XVIII, S. 448（⑬一九七頁）。

（24）Sigmund Freud, *Aus der Geschichte einer infantilen Neurose*, GW-XII（⑭）の中の、主に第六章「強迫神経症」と第七章の「肛門性愛と去勢コンプレクス」に相当する。

（25）「われわれの症例には、強度のヒステリーが居座っている」とフロイトは書いている。Ibid., S. 153（⑭一二四頁）。

（26）完全なエディプスコンプレクスは、『自我とエス』の九年前に書かれた「症例狼男」に、その素描がなされている。

（27）Ibid., S. 110（⑭八二頁）。

（28）その理論的な要約は、『制止、症状、不安』（一九二六年）の中で、より整合的な形でなされることになるが、「症例狼男」において、重要な点はほぼ網羅されている。

（29）前性器的編成には、男性性と女性性の対立はなく、能動性と受動性の対立しかない。したがって、サディズム肛門期を論じるさいに、そこでの能動性と受動性の区別を、女性性と男性性の区別からは、明確に峻別しなくてはならないとフロイトは述べているが、これは欲動論の問題系と両性性の問題系を混同しないためにも重要である。しかし一方、フロイトは、それがきわめて困難な作業であることも認めている（Ibid., S. 146（⑭一一八頁））。フロイトの少なからぬ幾つかのテクストにおいて、この区別、とりわけ受動性と女性性の区別ができていないことは、J・ラプランシュ、J-B・ポンタリスをはじめ、すでに多くの論者が指摘している。

（30）Freud, *Vorlesungen zur Einfuhrung in der Psychoanalyse*, GW-XI, S. 334（⑮三八八頁）。

（31）Sigmund Freud, „Triebe und Triebschicksale", GW-X, S. 220–221（⑭一七八―一七九頁）。

（32）この指摘は興味深いが、フロイトが参照しているのは、ギリシア語における中動態というよりも（SEの訳註にはそのような指摘がある）、そのドイツ語における派生物である再帰動詞のことであるように思われる。後にラカンは『精神分析の四基本概念』（小出浩之・新宮一成・鈴木國文・小川豊昭訳、岩波書店、二〇〇〇年）の中で、フランス語の代名動詞の構造を用いて、部分欲動における主体の生成について論じている。

(33) サディズムからマゾヒズムへの三段階の変換を、「子供が叩かれる」（フロイトは、この幻想が強迫神経症者にしばしば見られると強調している）における三段階の変換を比較してみるのは、興味深い試みである。（一）父が嫌な子供を叩く。（二）私が父から叩かれる。（三）子供が叩かれる――この三段階を、能動態、中動態、受動態という態の変換と厳密に対応させることは難しいが、マゾヒズム的な受動性が出現しているのは（二）の段階である。つまり（二）は、「私は父に苦痛な仕方で性交されている」ということである。この点については、ドナルド・メルツァーの『クライン派の発展』（松木邦裕監訳、世良洋・黒河内美鈴訳、金剛出版、二〇一五年）の第一一章の議論が参考になる。

(34) この症例は、拙著『来るべき精神分析のプログラム』（講談社選書メチエ、二〇〇八年）の第二章で取り上げたケースである。症例記述はどの点にフォーカスを当てるかによって、その全体のイメージは変わるが、ここでは患者の性的幻想に焦点を絞っている。

(35) フロイトの理論を忠実になぞるならば、この患者には、強い去勢不安が働き、裏エディプスコンプレクスの態勢から、さらには前性器的編成へと退行していたと考えることができる。

(36) この（不特定の）男性が、患者の父親であるという私の解釈に患者は同意しなかった。

(37) 註（34）の拙著第二章を参照のこと。

(38) 両性性の問題系に対し、論理的な整合性を与えるような方向性で理論化していくなら、このテーマはファルスを中心とした構造としての倒錯をその理念的モデルとして構想することができる。一方、欲動論のテーマを、諸欲動の無軌道性が、発達の過程のなかで、どのように編成されていくかという方向性で理論化を進めていくならば、倒錯の形成は一つの発達モデルとして整理することができる。この二つの方向性が、その後の精神分析が進んだ歩みである。つまり、フロイトが最終的に統合することのできなかった、両性性と欲動論の問題は、その後の精神分析の流れの中で、構造としての倒錯か発達としての倒錯か、という問題へと形を変えて議論が展開されている。

第三章　ナルシスの身体

(1) フロイトは「ナルシシズム論」では、パウル・ネッケをこの用語の提唱者としたが、後になってハブロック・エリスこそが、この概念を最初に用いたと訂正している（『性理論三篇』、一九一五年の補記）。

（2）このあたりの事情は、ピーター・ゲイ『フロイト』（鈴木晶訳、みすず書房、（1）一九九七年、（2）二〇〇四年）の第七章に詳しく述べられている。

（3）Sigmund Freud, „Formulierungen über die zwei Prinzipien des psychischen Geschehens", GW-V, S. 232（⑪二六一頁）。ビオンは、この母子関係モデルに依拠して、自らの精神分析理論を構築している。

（4）Freud, *Vorlesungen zur Einführung in die Psychoanalyse*, GW-XI, S. 430-431（⑮四九八頁）。

（5）Freud, „Zur Einführung des Narzißmus", GW-X, S. 145（⑬一二五頁）。

（6）Sigmund Freud, „Psychoanalytische bemerkungen über einen autobiographisch beschriebenen Fall von Paranoia (Dementia paranoides)", GW-VIII, S. 311（⑪一七八－一七九頁）。

（7）この経緯については、拙訳『メタサイコロジー論』（講談社学術文庫、二〇一八年）の「訳者解説」を参照してもらいたい。

（8）フロイトはしばしば日常で使われる言葉から、精神分析用語を作り出している。このAnlehnung（寄りかかること）という語もその一つだが、フロイトがこの言葉に込めた理論的な含蓄は、これまであまり理解されてこなかった。この言葉をあえてétayageと専門語風に訳し、この用語がフロイトの欲動論で持つ重要な意味を指摘したのは、フランスの精神分析家ジャン・ラプランシュである。

（9）リオネル・ル・コールは、フロイトの著作、書簡などにおける「同性愛」という用語の出現頻度を調べ、一九〇七年から一四年を、「フロイトの同性愛期」と名づけている。そのピークは一九一〇年である（Lionel Le Corre, *L'homosexualité de Freud*, PUF, 2017）。

（10）正確には一九一〇年一〇月六日である。Sigmund Freud-Sándor Ferenczi, *Briefwechsel*, Bd1/1, 1909-1911, Böhlau, 1993.

（11）パラノイアは、一九世紀後半から二〇世紀前半において、ドイツ精神医学で重要な位置を占めた疾病分類であり、フロイトの時代は精神病院の患者の七〇パーセントにパラノイアという診断がついていた。フロイトもパラノイアを独立した疾病単位と認め、パラフレニー（クレペリンの「早発性痴呆」とブロイラーの「シゾフレニー」の総称）と区別していた。しかし、「シュレーバー論」の三年後に、フロイトはパラフレニー概念を拡大し、パラノイアもそのなかに加えるようになっている。

(12) クライン派のローゼンフェルトは、「狼男」がフロイトの分析を終えた後に発症した皮膚にまつわるパラノイド状態を「転移精神病」と診断している。

(13) Peters, U. H., „Daniel Paul Schrebers, des Senatspräsidenten Krankheit", *Fortschritte der Neurologie-Pschiatrie*, vol. 63, S. 469–479, Thieme, Stuttgart, 1995.

(14) 註(11)にも記したように、フロイトのパラノイア概念には、テクストによって異同がある。ここでは、用語の統一は行わず、それぞれのテクストで使われている用語をそのまま用いる。フロイトのナルシス神経症には、メランコリー、幻覚精神病、パラノイア、スキゾフレニー(早発性痴呆)があり、最後の二つが今日の統合失調症に相当する。

(15) Freud, „Psychoanalytische bemerkungen über einen autobiographisch beschriebenen Fall von Paranoia (Dementia paranoides)", GW–VIII, S. 294 (⑪一五九頁)。

(16) この幻想は、ゼウスの頭から生まれたアテナの神話を想起させる。

(17) Sigmund Freud, „ Neurose und Psychose", GW–XIII, S. 387 (⑱二三九頁)。

(18) Sigmund Freud, „ Der Realitätsverlust bei Neurose und Psychose", GW–XIII, S. 365 (⑱三一三―三一四頁)。

(19) Ibid., S. 366 (⑱三一四頁)。

(20) Freud, „Abriß der Psychoanalyse", GW–XVII, S. 132 (㉒二四四頁)。

(21) フロイトの自我分裂に起源を持つ精神病論を継承し、対象関係論の立場から精神病の治療論を確立したのは、メラニー・クラインである。フロイトの自我分裂が受動的な過程であるのに対し、クラインの「分裂」は能動的過程である。またクラインは、「シュレーバー症例」を、自我分裂の観点から再解釈している('Notes on some schizoid mechanisms', *Int. J. Pscho-Anal*, 27: 99–110, 1946)。

第四章　自己という装置

(1) フロイトの自己論という言い方は、自我論あるいは心的装置といった名称と比べ、一般的ではない。しかしフロイトが第二局所論でエス－自我－超自我を論じる場合にも、力点は自我に置かれているわけではなく、患者（人間）の自己全体を問題にしている。それゆえ、ここでは自己論という名称を用いることにする。

（2）Sigmund Freud, „Der Humor". GW-XIV, S. 389（⑲三八九頁）。

（3）Jacob Rogozinski, *Le moi et le chair: Introduction à l'ego-analyse*, Cerf, 2006（ジャコブ・ロゴザンスキー『我と肉——自我分析への序論』松葉祥一・村瀬鋼・本間義啓訳、月曜社、二〇一七年）。

（4）Sigmund Freud, „Entwurf einer Psychologie". GW-Nb, S. 417（③三六頁）。

（5）Jean Laplanche, *Vie et mort en psychanalyse*, Flamamrion, 1970（ジャン・ラプランシュ『精神分析における生と死』（十川幸司・堀川聡司・佐藤朋子訳、金剛出版、二〇一八年）。

（6）Freud, „Zur Einführung des Narzißmus". GW-X, S. 142（⑬一二一頁）。

（7）Freud, „Formulierungen über die zwei Prinzipien des psychischen Geschehens". GW-XIII, S. 232（⑪二六一頁）。

（8）Freud, „Triebe und Triebschicksale". GW-X, S. 228（⑭一八七頁）。

（9）Sigmund Freud, *Das Ich und das Es*. GW-XIII, S. 237（⑱三頁）。

（10）フロイトは自我変容という概念を、自我の能力の制限というマイナスの意味に使うことが多いが、自我の能力の拡大というプラスの意味でも用いている。例えば、GW-XI, S. 473（⑮五五二頁）。

（11）フロイトは、『集団心理学と自我分析』において、同一化を、一次的同一化、対象選択が同一化に代わるという退行的経過によるもの、ヒステリー的同一化の三つに分類している（GW-XIII, S. 115-118（⑰一七三－一七六頁）。

（12）Ibid., S. 262（⑱三〇頁）。

（13）この概念が、最初に出てくるのは、「続・防衛——神経精神病についての論評」（一八九六年）という初期の論文である。

（14）同一化を引き算の過程として捉えたのはラカンである。主体はある対象に（象徴的に）同一化すると、その同一化した対象の特徴を、もはや考慮し、数えることができなくなる。そのさい、その欠如した（引かれた）特徴にこそ、（無意識の）主体が現れているとラカンは論じている。

（15）Freud, „Die endliche und die unendliche Analyse". GW-XVI, S. 81（㉑二七〇頁）。

（16）フロイトは、この点について、彼と同時代に生きた聖書学者ロバート・アイスラーの著作から示唆を得ている。

（17）「精神分析概説」（一九三八年）には、「抵抗の克服は、実生活の中で確証される、実りのある自我変容をもたらす」という記述がある（GW-XVII, S. 105 ㉒二一八頁）。
（18）フロイトは、超自我が両親への最初の同一化であり、エディプスコンプレクスの跡継ぎである、と説明している。
（19）フロイトは超自我の残忍さを、死の欲動との関連からも説明している（GWXIII, S. 283 ⑱五五頁）。だが、このように説明するためには、両親への同一化のさいに起きる欲動の脱性化という仮説、およびエロスと死の欲動の「欲動分離」という仮説などを、積み上げていかなくてはならない。
（20）Ibid., S. 278 ⑱四八頁）。
（21）Freud, „Der Humor". GW-XIV, S. p. 387 ⑲二七一頁）。

第五章　「子供が世話される」

（1）Ulrike May, *Freud bei Arbeit*, Psychosozial Verlag, 2015. Peter Gay, *Freud: A Life for Our Time*, J. M. Dent & Sons Ltd., 1988（ピーター・ゲイ『フロイト』、鈴木晶訳、みすず書房、（1）一九九七年、（2）二〇〇四年）。一九一〇年代には、フロイトは毎日平均九人から一一人の患者を診ていた。現代の第一線の分析家以上に、フロイトは生活の大半の時間を臨床活動に費やしている。
（2）Meltzer, *The Kleinian Development*, Karnac Books, 1978（ドナルド・メルツァー『クライン派の発展』、前掲書）。
（3）Freud, „Triebe und Triebschicksale". GW-X, S. 220 ⑭一七八―一七九頁）。幻想の変換形式の詳細は第二章Ⅳ節で述べたが、この定式は本章でも重要な意味を持つので、再度引用しておく。それは次のようなものである。（a）サディズムは、対象としての他人に対する暴力や力の行使である。（b）この対象が放棄され、自分自身に置き換えられる。自分自身への方向転換によって、能動的な欲動目標は受動的な欲動目標に変換される。（c）新たにある他者が対象として探し出され、その人物が目標転換の過程が生じたことによって、主体の役割を引き受けざるをえなくなる。
（4）私の経験では、このような幻想を語る患者は一人もいなかった。メルツァーも、そのような症例を一例も見たことがないと述べたうえで、この幻想は一九世紀の現象ではなかったか、と推測している。
（5）アンナ・フロイトが殴打幻想に苦しみ、フロイトに分析を受けたことは周知の事実である。また彼女自身が、「叩かれる幻想」と白日夢」という論考を書いている（Young-Bruehl, *Annna Freud: A Biography*, Summit Books, 1988）。

（6）第三六回日本精神病理・精神療法学会シンポジウムでの発表（二〇一三年一〇月）。

（7）この第一、第二段階の順序は、実際のところ、患者は第二の幻想を持つことによって、第一の幻想がその後に想起されたとも考えられる。いずれにしても、この三つの段階の順序は、通常の時系列に従ってはいない。

（8）Sigmund Freud, *Drei Abhandlungen zur Sexualtheorie*. GW-V, S. 124（⑥二八五頁）。

（9）Jean Laplanche, *Nouveaux fondements pour la psychanalyse*, PUF, 1987.

（10）第二章で、両性性の理論を論じるさいに、私たちは、人間に男性と女性という二つの性があることが、人間のセクシュアリティの謎を作り出していると述べた。だが、これまでの議論から、大人の性と子供の性という二つの性があることが、人間のセクシュアリティを理解するうえで、より本質的な問題だと言い換えなくてはならない。

（11）本書第四章註（5）、前掲書。

（12）Sigmund Freud, „Das ökonomische Problem des Masochismus“. GW-XIII, S. 375（⑱二九一頁）。

（13）Freud, „Mitteilung eines der psychoanalytischen Theorie widersprechenden Falles von Paranoia“. GW-X, S. 242（⑱三〇三頁）。

（14）Sándor Ferenczi, „Confusion of the Tongues between the Adults and the Child: The Langage of Tenderness and of passion“, *International Journal of Psycho-Analysis*, 30, 1949, pp. 225–230（「大人と子供の間の言葉の混乱——やさしさの言葉と情熱の言葉」（一九三三年）（『精神分析への最後の貢献——フェレンツィ後期著作集』、森茂起・大塚紳一郎・長野真奈訳、岩崎学術出版社、二〇〇七年に収録））。

（15）ラプランシュが一般誘惑理論の基礎とするのは、親と子供の「根源的な人間学的状況」という構造である。一方、フェレンツィは、大人のセクシュアリティの（外傷的）侵入を、性的虐待事例に見ている。

（16）「症例狼男」は、原光景を目撃した時に、その光景は彼の心的世界に入り込み、痛みを与える。そして、その痛みは、肛門域の「共興奮」を引き起こし、彼はベッドの上で排便してしまうのである。

第六章　死の欲動とマゾヒズム

（1）それぞれの手紙の日付は、一八九七年五月一六日（フリース宛て）、一九一三年七月七日（フェレンツィ宛て）、一九二二年八月四日（ランク宛て）である。

（2）Freud, „Triebe und Triebschicksale". GW-X, S. 214（⑭一七一―一七二頁）。

（3）Sigmund Freud, *Neue Folge der Vorlesungen zur Einführung in die Psychoanalyse*, GW-XV, S. 115（㉑一四〇頁）。

（4）現代思想との関連の文献については、Todd Dufresne, *Tales from the Freudian Crypt: The Death Drive in Text and Context*, Stanford University Press, 1966（トッド・デュフレーヌ『〈死の欲動〉と現代思想』遠藤不比人訳、みすず書房、二〇一〇年）が詳しいが、そこで挙げられている文献もまだ一部に過ぎない。

（5）Freud, *Jenseits des Lustprinzip*, GW-VIII, S. 38（⑰九〇頁）。

（6）フロイトは、欲動の混交と脱混交という考えが、エンペドクロスの《ピリア》と《ネイコス》の対立とアナロジーの関係にあることを認めている（GW-XVI, S. 92 ㉒二八四―二八五頁）。

（7）Gilles Deluze, *Présentation de Sacher-Masoch: le froid et le cruel*, Minuit, 1967. p. 100（ジル・ドゥルーズ『ザッヘル＝マゾッホ紹介――冷淡なものと残酷なもの』堀千晶訳、河出文庫、二〇一八年、一七六頁）。

（8）Gilles Deluze, *Différence et répétition*, PUF, 1968. p. 149（ジル・ドゥルーズ『差異と反復』（上）、財津理訳、河出文庫、二〇〇七年、三〇六頁）。

（9）この点については、國分功一郎が論点を明快に整理している（『ドゥルーズの哲学原理』、岩波現代全書、二〇一三年）。

（10）『快原理の彼岸』の四年後に書かれた「マゾヒズムの経済論的問題」では、恒常性原理をゼロ原理（涅槃原理）と同一視したことを、フロイト自らが批判している。Freud, „Das ökonomische Problem des Masochismus". GW-XIII, S. 372（⑱二八八頁）。

（11）ibid., S. 64（⑰一一七頁）。

（12）「サディズムとマゾヒズムは、エロスと攻撃欲動の混交をしめす二つの優れた例である。（中略）もちろん、その混交の割合は実にさまざまである」（Freud, *Neue Folge der Vorlesungen zur Einführung in die Psychoanalyse*, GW-XV, S. 111（㉑一三五頁）。

（13）フロイトは、サディズムから生じたマゾヒズムを二次的マゾヒズム、サディズムから生じたのではないマゾヒズムを一次マゾヒズムと区別している。一次マゾヒズムを、フロイトは単純マゾヒズム、内在的マゾヒズムなどとも呼んでいるが、ここでは内在的マゾヒズムという用語で統一する。

（14） ibid., S. 375（⑱二九一―二九二頁）。

（15） Sigmund Freud, *Drei Abhandlungen zur Sexualtheorie*. GW-V, S. 106（⑥二六三頁）。

（16） Freud, GW-XIII, S. 376（⑱二九二頁）。

（17） ibid., S. 377（⑱二九三頁）。

（18） Freud, GW-VIII, S. 41（⑰九三頁）。

（19） Freud, GW-XIII, S. 372（⑱二八八頁）。

（20） Freud, „Die endliche und die unendliche Analyse". GW-XVI, S. 69（㉑二五五頁）。

第七章　分析技法と終結の問い

（1） Sigmund Freud, „Zur Einleitung der Behandlung", GW-VIII, S. 454（⑬二四一頁）。

（2） Ibid., S. 463（⑬二五一頁）。

（3）『夢解釈』では、フロイトは患者の自由連想を「思考の工場で、織物師が傑作を織り上げているのに立ち会っているようだ」と書き、ゲーテの『ファウスト』の次の一節を引用している（GW-II/III, S. 289（⑤一〇頁））。

（思想の工場も
機屋の工場のようなもので）、
一足踏めば、千万本の糸が動いて、
梭は往ったり来たりする、
目に留まらずに意図が流れる、
一打打てば千万の交錯ができるというわけだ。

（4） Freud, *Studien uber Hysterie*, GW-I, S. 293（②三九〇頁）。

(5) Sigmund Freud, „Ratschläge für den Arzt bei der psychoanalytischen Behandlung", GW–XIII, S. 376–387（⑫二四七―二五七頁）。

(6) 私たちは、この点を、序章では「分散した注意とそれに基づいた低い集中」こそが分析家の基本姿勢である、と別の表現で述べた。

(7) Sigmund Freud, „Zur Dynamik der Übertragung", GW–XIII, S. 366–371（⑫二一一―二一七頁）。

(8) もう一つの晩年の技法論である「分析における構築」は、臨床的テクストというより、『モーゼと一神教』と内容的に結びつきが深い論文である。

(9) 訓練分析の例としては、フェレンツィ（約二一週の分析期間）、治療分析では、「狼男」（フロイトとの四年半の分析後、五年後に再度短期間の分析、その後、ルース・マック＝ブランシュヴィックから四カ月間の分析を受ける）、エリザベート・フォン・R（フロイトとの分析で治癒した後、一二年後に再発）などが例に挙げられている。

(10) Freud, „Die endliche und die unendliche Analyse", GW–XVI, S. 62（㉑二四六頁）。

(11) フロイトのこの論考は、フェレンツィの「分析終結の問題」（一九二八年）という講演の影響下に書かれている（Sándor Ferenczi, „Das problem der Beendigung der Analysen", *Int. Z. Psychoan.*, XIV, 1, 1928）。

(12) Freud, GW–XVI, S. 71（㉑二五七―二五八頁）。

(13) 本書第二章、六七頁を参照のこと。

(14) Freud, „Das ökonomische Problem des Masochismus". GW–XIII, S. 372（⑱二八八頁）。

(15) Freud, „Abriß der Psychoanalyse", GW–XVII, S. 68（㉒一八〇頁）。

(16) Freud, GW–XIII, S. 372（⑱二八八頁）。

(17) 私たちは、これらの交流を、ダニエル・スターンの情動調律と類似したものとは考えていない。リズムは、母子関係といった「あまりに人間的な」モデルに収まるものではない。リズムは人間的な営みを超えて、随処随処に働いて、その場に動的な秩序を与えるのである。リズムについては、ルートヴィッヒ・クラーゲス『リズムの本質』（杉浦實訳、みすず書房、二〇一七年）、山崎正和『リズムの哲学ノート』（中央公論新社、二〇一八年）などが参考になる。

(18) Freud, „Abriß der Psychoanalyse", GW–XVII, S. 110（㉒二二三頁）。

(19) Freud, GW–XVI, S. 68（㉑二五四頁）。

（20） Ibid., GW-XVI, S. 69 （㉑二五五頁）。

（21） Freud, *Studien über Hysterie*, GW-I, S. 312 （⑵三九〇頁）。

（22） Freud, *Neue Folge der Vorlesungen zur Einführung in die Psychoanalyse*, GW-XV, S. 86 （㉑一〇四頁）。ゾイデル海の干拓工事は、この書物が書かれたのと同じ年に完了している。

（23） Sigmund Freud, *Zur Psychopathologie des Alltaglebens*, GW-IV, S. 166 （⑺一八四頁）。

あとがき

一人の分析家として、フロイトの著作と全力で対決してみたいと思ったのは、一〇年以上も前のことになる。現代の分析家の仕事なら、どんなに厄介なテクストであっても、それはフロイトの一つのヴァリエーションであり、フロイトを「乗り越える」プロセスに着目して、一定の手順で読んでいけば、大きな間違いをおかすことなく、まずはテクストとして、そして分析経験の蓄積があれば、臨床経験的にも理解できる。しかし、フロイトの仕事を対象にする場合、彼が精神分析の創始者であることも相まって、そのような小手先の手口は通用しない。原典はもちろん、二次資料、三次資料などを可能な限り読破して、フロイトの仕事の核心に迫ろうとしても、フロイトの足元にもたどり着かないことがしばしば起こりうる。フロイトのテクストに向かうものは、その能力や経験だけではなく、それに挑む者の覚悟が根底から試される。そのことを肌身を持って感じたのは、この紛れもない天才が持つ魔力の中に取り込まれてしまってからのことである。

序章の原案となる原稿を書き上げたのは、二〇一二年頃である。後から読み返すと、序章に本書の基本的な発想がすべて出揃っている。私はフロイトとほぼ同じ生活スタイルで精神分析の臨床を行いながら、この構想を深化させようと思った。しかしその試みに取りかかって、一、二年して、私は自分の書いていることが、一体どこに向かっているのか、どういう帰結に至るのか、まったく見えなくなった。その後、苦労してなんとか第一部の論考を書き上げたが、この方向を突き詰めていくならば、いずれ迷宮に入り込んでしまうという予感はすでにあった。実際、第一部を終えた後に、私はフロイトについてまとまったものが書けなくなったのである。余計な矜持、修正困難な思い込み、疲労による感覚の狂いなどで、スランプなどいつでも起きうる。そして、その状態から抜けるのにおよそ六年かかっている。その六年の間、何をしていても、片時も本書のことが頭から離れることはなかったと言っていい。しかし、やがてフロイトを読むことと、私の臨床経験が共振しはじめ、執筆作業は一挙に加速し、出口も見えてきた。第一部と第二部以降で、記述のスタイルが変わっているのは、この間に私のなかで起きた変化のためである。

ここに一冊の書物としてまとめたものは、最初の構想とは大きく異なったものになっている。フロイトの臨床経験の核心といえる道をたどりつつ、新たな論点をいくつか提示できたという自負はあるものの、もちろん論じ切れていないところは数多くある。本を書くたびに思うのだが、私は文章を書く行為のなかで、分析家として生まれ変わっている。もちろん日々の臨床活動が私を分析家として作り変えているのだが、その積み重ねでは、決定的な敷居を超えることができない。とはいえ、書くという闘いは、人を文筆家にすることはあっても、分析家にはしない。分析をしながら、文章を書くこと――この二つの作業を平行させることで、私は分析家として新しく生きることができる。これは、誰よりもフロイトが教えてくれたことだ。

この書物を書く際に励みとなったのは、わが国ではきわめて稀な、精神分析を生業としている同業者、とりわけ、松木邦裕氏と藤山直樹氏の存在が大きい。講談社編集部の互盛央夫氏には、本書の一部を、断片的な形で雑誌『思想』（岩波書店）に掲載したときに、有益な意見を頂いた。『エスの系譜』の著者でもある氏との交流は私にはきわめて貴重なものだった。

私がフロイトに本格的に取り組もうと思ったときに、フロイトについての本を書きませんか、と絶妙なタイミングで、後押ししてくれたのは、みすず書房編集部の鈴木英果さんである。鈴木さんは、私の常識外れの執筆の遅延に対しても、目配りのきいたアドバイスをしてくれた。執筆中は迷惑のかけっぱなしだったが、鈴木さんの熱心なサポートがなければ、私はとうにこの作業を放棄していただろう。鈴木さんには心よりお礼を申し上げたい。最後に、私事になるが、妻と来年中学生になる娘の、理解と励ましがなければこの本を書くことはできなかった。本書を、妻と娘に捧げたいと思う。

十川幸司

二〇一九年七月

著者略歴

（とがわ・こうじ）

精神分析家・精神科医．山口大学医学部卒．自治医科大学精神科，プレモントレ精神科病院勤務，パリ第8大学，EHESS（高等社会学院）で精神分析，哲学を専攻．帰国後，茨城県立友部病院医長を経て，1999年より個人開業．著書に『精神分析への抵抗』（青土社，2000年），『思考のフロンティア　精神分析』（岩波書店，2003年），『来るべき精神分析のプログラム』（講談社，2008年）ほか．訳書にフロイト『メタサイコロジー論』（講談社学術文庫，2018年），ラプランシュ『精神分析における生と死』（共訳，金剛出版，2018年）ほか．

十川幸司
フロイディアン・ステップ
分析家の誕生

2019年9月17日　第1刷発行

発行所 株式会社 みすず書房
〒113-0033 東京都文京区本郷2丁目20-7
電話 03-3814-0131(営業) 03-3815-9181(編集)
www.msz.co.jp

本文組版 キャップス
本文印刷所 精興社
扉・表紙・カバー印刷所 リヒトプランニング
製本所 松岳社
装丁 細野綾子

ISBN 978-4-622-08810-3
[フロイディアンステップ]